포근한 삶

포근한 삶

지은이 | 호미해
초판 발행 | 2025. 3. 26
등록번호 | 제1988-000080호
등록된 곳 | 서울특별시 용산구 서빙고로 65길 38
발행처 | 사단법인 두란노서원
영업부 | 2078-3333 FAX | 080-749-3705
출판부 | 2078-3331

책값은 뒤표지에 있습니다.
ISBN 978-89-531-5075-1 03230

독자의 의견을 기다립니다.
tpress@duranno.com www.duranno.com

두란노서원은 바울 사도가 3차 전도여행 때 에베소에서 성령 받은 제자들을 따로 세워 하나님의 말씀으로 양육하던 장소입니다. 사도행전 19장 8-20절의 정신에 따라 첫째 목회자를 돕는 사역과 평신도를 훈련시키는 사역, 둘째 세계선교(TIM)와 문서선교(단행본·잡지) 사역, 셋째 예수문화 및 경배와 찬양 사역, 그리고 가정·상담 사역 등을 감당하고 있습니다. 1980년 12월 22일에 창립된 두란노서원은 주님 오실 때까지 이 사역들을 계속할 것입니다.

메리퀸 호미해 대표의
믿음 경영 이야기

포근한 삶

호
미
해

지음

온 인류가 양모 이불을 덮을 때까지

두란노

목차

1부

포근한 이불 한 장이 그립던 시절

2부

추운 인생을 따뜻하게 덮어 준 메리퀸

지난 십여 년간 일터 사역을 함께 했던 호미해 대표가 귀한 책을 펴냈다. 이 책에는 저자가 삶의 여정에서 경험한 고난이 담겨 있다. 이 내용을 영화로 보았다면 눈물을 흘리는 사람도 있을 것 같다. 그러나 그녀는 고난이 생애에 유익이되었다고 고백한다. 이 책에는 그녀가 사업을 시작하고 경영한 이야기가 담겨있다. 그녀는 우연한 기회에 양모를 알게 되어 양모 이불을 제조하는 회사를 창업해서 지금까지 그 기업을 키워 왔다. 그 과정을 읽어 보면 기업 경영에 관한그녀의 철학이나 능력을 엿보게 된다. 특히 그녀가 대리점주들을 섬기는 모습은 기업가가 아니라 기업 컨설턴트나 상담가처럼 느껴진다.

저자는 자신이 인정했듯이 내로라할 학벌이 없다. 그러나 배움에 대한 열정만큼은 이 세상 누구에게 지지 않는다. 나이가 들어 공부해 대학교 학위를 얻었을 뿐 아니라 필요한 모든 기술을 배워서 양모 이불 사업과 하나님 나라 사역에유익하게 사용했다. 또한 저자는 자신과 함께한 사람들에게 배우기를 주저하지 않았다. 그리고 그동안 배운 것들을 이 책에 정리해 놓았다. 기업 경영뿐 아니라 인생을 살아가는 데 필요한 지혜를 여기서 배울 수 있을 것이다.

끝으로 저자의 바람대로 그녀는 '자신만의 사도행전 29장'을 적어 내려갔다. 그리스도인으로 기업을 경영하며 경험한 어려움과 말씀대로 살아가려 애쓴 저자의 기록들이 사도행전에 기록된 사도들의 역사와 만나며 이어진다. 기업가 개인의 일과 영성의 이야기이지만 한 번 읽고 말 책은 아니다. 책 안에 사업을 경영하는 그리스도인에게 필요한 사례, 교훈, 지혜가 가득 담겨 있다. 이 세상에서 살아가야 할 그리스도인이 두고두고 참고할 책이라고 믿는다.

방선기 사단법인 일터개발원 이사장

《포근한 삶》은 단순한 회고록이 아니다. 이는 한 인간이 신앙을 통해 세상의 거친 파도를 어떻게 헤쳐 나가는지, 자신의 삶을 하나님 나라를 위해 어떻게 내어 드릴 수 있는지 보여 주는 신앙 고백서다.

호미해 대표의 삶은 '고난의 신학'과 '소명 의식'이 어떻게 실천적 삶으로 구현될 수 있는지 보여 주는 신앙적 모델이 된다. 신앙은 저자의 삶에서 단순한 신념이 아니라, 실제적인 삶의 방향과 가치관을 형성하는 원동력이었다. 예기치 않은 역경 속에서 좌절하지 않고 믿음의 눈으로 삶을 바라보며 이를 통해 도전과 개척의 길을 걸어 왔다.

이 책은 세속적 성공과는 다른 차원의 성공을 이야기한다. '포근한 삶'이라는 제목이 암시하듯, 저자는 자신의 성취를 개인의 이익으로 귀결하지 않고, 세상을 보다 따뜻하게 감싸는 삶으로 확장했다. 단지 경제적 가치를 창출하는 사업가가 아닌, 일터와 기업을 통해 선교적 삶을 실천하고자 한 저자의 삶은 자신의 자리에서 소명의 길을 걸으며 하나님 나라를 확장하는 일에 쓰임 받기를 원하는 모든 성도에게 큰 도전과 귀감이 될 것이다.

이재훈 온누리교회 위임목사

사업하는 그리스도인으로서 공감이 가는 내용이 많았습니다. 3P자기영경연구소와 메리퀸은 닮은 점이 많은 것 같습니다. 저희는 3P바인더라는 도구를 통해 다른 이의 인생을 돕고 살린다면, 메리퀸 호미해 대표님은 대리점주들이 홀로 설 수 있도록 그들의 삶을 돕고, 살리기 위해 일합니다. 저자의 추운 인생을 온기 있는 삶으로 바꾸신 하나님이 그녀에게 하나님을 위해 일하라고 명하셨기 때문입니다. 그렇기에 저자는 하나님 나라가 이 땅에 이뤄지기까지 열심히 일합니다. 지금의 메리퀸이 되기까지 무릎 꿇고 기도하고 말씀 따라 기업을 운영한 저자의 생생한 기록이 담긴 이 책을 하나님의 방식으로 일하고 싶은 소상공인들과 장사하는 성도들에게 자신 있게 추천합니다.

강규형 3P자기영경연구소 대표

내겐 지금도 그리운 이름 '호양 언니.' 1980년대 후반 광산촌 태백의 황지교회에서 호미해 대표는 모르는 사람이 없을 정도로 유명했다. 교인들은 모두 "호간사"라 불렀지만, 나는 저자를 "호양 언니"라고 불렀다.

호양 언니는 황지교회에서 시무하신 고(故) 이정규 목사님이 사회사업 일환으로 설립 운영하셨던 '기독교광산지역사회개발복지회'(태백사회복지회 전신) 간사로 근무했다. 나는 그때 교회 사무실에서 일했었다. 호양 언니는 복지회에서 운영하던 여러 사업 중에 면양 사업을 담당했는데, 부업 팀에서 양털을 뽑아 이불을 만들고 내다 파는 일을 총괄했다.

호양 언니가 며칠씩 안 보일 때는 이불 판매를 위하여 장거리 출장을 갔을 때였다. 평소에는 부업 장부를 옆구리에 끼고 "뭐도 해야 하고, 어디도 가야 하고 개 발에 땀 난다" 하면서 종종 걸음을 치고 다녔다. 호양 언니는 승합차에 이불을 가득 싣고서 서울 강남 사모님들에게 판매했던 이야기, 양털 부업 여사님들 이야기 등을 내게 들려줬는데 힘들다고 하면서도 늘 에너지가 넘쳤다. 그것이 부러우면서도 '이분은 자기 일을 참 사랑하는구나'라고 생각했다.

광산촌 부녀자들의 부업을 위해 출발한 면양 사업이 '호양 언니'가 아닌 사업가 '호 사장'에 의해 양모 침구브랜드 메리퀸으로 첫 장을 열게 된 이 놀라운 발전에 대해서 난 별로 놀랍지 않다. 그 열정과 호기심과 사람에 대한 따뜻한 마음을 '호양 언니'에게서 이미 보았기 때문이다. 책의 출간을 진심으로 축하드리며, 나의 '호양 언니'를 지금 이 자리까지 인도해 주신 하나님께 감사드린다.

김명옥 황지교회 집사

이 책을 통하여 호미해 대표의 삶을 알게 되니 저절로 머리가 숙여지고, 그녀의 삶에 경의를 표하게 되었다. 한 사람의 인생 안에서 그 사람을 향한 하나님의 사랑을 발견하는 것은 정말 기쁘고도 놀라운 일인데, 하나님이 호미해라는 사람을 얼마나 사랑하시는지 이 책을 읽으면서 느낄 수 있었다.

사업을 하다 보면 스스로의 힘으로는 어찌할 수 없는 벽에 부딪힐 때가 많다. 많은 사람이 거기에서 좌절하고 무너지게 되는데, 극복의 비결이 하나님의 도우심임을 알면, 오히려 그런 난관을 만날 때마다 '하나님이 이번에는 또 어떤 방법으로 나를 도와주실까?' 기대하게 된다. 저자가 메리퀸을 창업하고 지금까지 경영해 온 방식이 바로 이러했다.

하나님의 도우심에 대한 확신이 있으니, 매사에 더 강한 열정이 생기고, 끊임없이 새로운 일에 대한 호기심과 도전 정신도 생기는 것이 아니겠는가? 저자는 이미 많은 것을 이루었고, 많은 이에게 선한 영향력을 끼치고 있지만, 그녀가 꿈꾸는 올하우스의 비전이 하나님의 때에 마침내 이루어지기를 기도하며 기대해 본다.

류영석 ㈜썬앤쉴드 대표

아이와 같은 순수한 호기심을 잃지 않고 좌충우돌함에 있어 담대함이 있는 저자임을 알기에, 모든 삶이 신앙 안에서 벌어지고 시작되어, 현재가 존재할 수 있었던 건 굽히지 않았던 열정과 믿음의 결과라고 봅니다.

살아 숨 쉬는 현장감 있는 사례들로 인생 영화 한 편을 본 듯합니다. 죽기로 살고자 했던 저자의 격동적인 삶에서 시작된 메리퀸과 대리점주로 함께하며 저도 자존감과 열정이 높아졌습니다. 그렇기에 어지러운 세상을 살면서 힘들어 죽을 것 같은 많은 사람에게 삶의 희망을 줄 내용이라고 믿습니다.

박미향 메리퀸 광주운암대리점 대표

'메리퀸'은 39년 전(1986년)에 태백사회복지회가 광산 근로자들의 부인들에게 부업 소득을 만들어 주고자 복지 목장을 만들면서 시작한 양모를 통한 부업 사업이 그 시작점입니다. 저자가 얼마나 열심히, 그리고 진실되게 그 일에 매달렸는지를 잘 압니다. 그 작은 소득 분배 사업이 어느 시점을 지나면서 양모 이불까지 생산하여 판매하게 되었으며, '메리퀸'이라는 이름을 갖게 되었습니다.

이 책은 저자 자신이 살아온 삶의 과정들을 기억하고 그때의 어려움 속에서 독립된 '메리퀸'을 맡아 30여 년 동안 겪은 어려움과 흔들림의 시간들을 이야기 하고 있습니다. 모든 순간을 이겨 내고 지금의 안정된 기업으로 자리매김하게 된 과정을 솔직하고 진실된 마음으로 적었습니다. 또 일로 만난 사람들과의 어려움, 경영상의 어려움 등 여러 가지 힘든 상황으로 좌절할 때마다 그 시간을 이겨 내기 위해 하나님께 드린 기도와 하나님이 나타내 주신 기적 같은 순간들이 기록되었습니다.

이 책은 어려움을 극복해 가는 과정을 통해 자신을 더 단단하게 성장시켜 주신 주님을 자랑하는 저자의 신앙 고백입니다. 이 책을 읽으며 창립 39년이 되는 '메리퀸'의 호미해 대표는 자신의 사업에 대해 커다란 꿈을 가지고 있음을 알 수 있습니다. '전 국민이 양모 이불을 덮도록 하자.'

귀하고 좋은 품질의 양모 이불을 특정한 사람만이 아닌 모든 사람에게 전달해 보자는 저자의 결심은 어려운 이웃들에게 사랑을 나누라는 하나님의 명령을 실천하는 마음에서 시작되었습니다. 더불어 이정규 목사님과 태백사회복지회의 복지 선교라는 목표를 위해 함께 일하며 자리한 신앙심을 잘 지켜 내고, 다른 이들에게 자신의 삶 속에 주님의 사랑이 함께했음을 전하는 저자의 마음에 진심으로 박수를 보냅니다.

이근 사회복지법인 태백사회복지회 대표이사

호미해 대표님이 매장을 처음 방문했던 날의 일이다. 점심 식사가 끝나기 무섭게 그릇을 직접 설거지했다. 사실대로 말하면, 전국 대리점을 둔 기업의 대표가 손수 설거지를 하리라고 상상이나 했겠는가? 그 모습은 마른하늘에 날벼락처럼 충격인데 한편으로는 신선했다. 이른바 팀원을 다독이며 커다란 성과를 실현해 내는, 섬기는 리더십(servant leadership)의 모습을 유감없이 발휘한 것이었다.

저자는 신앙과 행동이 서로 일치한 삶을 뜻하는 신행일치(信行一致)의 일생을 살았다. 하나님은 감당할 만한 시험을 주신다고 하는데 저자는 보통 사람으로서는 감당하기 어려운 시험을 믿음으로 떨치고, 끝내 승리하는 신앙의 삶을 살았다. 로마서 5장 3-6절의 말씀처럼 그녀는 환난을 참고 이겨 냄으로써 소망을 이루어 내었다. 그리스도인이 아닌 자도 배울 만한 삶을 산 것이다.

우공이 산을 옮긴다는 뜻의 '우공이산'(愚公移山)이라는 한자성어가 있다. 이는 히브리서 11장 1절에 나오는 "믿음은 바라는 것들의 실상이요 보이지 않는 것들의 증거"라는 말씀과 일맥상통한다. 저자는 어떤 일이든 끊임없이 노력하면 반드시 이루어질 줄 믿고, 성경 말씀에 따라 사업을 경영하고 삶도 영위한 자다. 그 신행일치의 삶을 박수하며 응원한다.

이상영 메리퀸 인천남동구대리점 대표

인간다운 인간,
참다운 인간,
아름다운 인간이 되기 위해

어느덧 적지 않은 나이가 되어 보니 걷기만 한 운동이 없더군요.
산도 좋으나 조금 벅찹니다. 편한 신발과 적당한 옷차림만 갖추면
바로 가까운 공원이나 산책로로 나갈 수 있으니 틈만 나면 걸으려
노력합니다.

산책길에서 여러 사람을 만납니다. 자주 만나 눈인사라도 나누는 사람도 있지만 대부분 이름도 사는 곳도 모르는 남입니다. 수많은 사람, 인생이 지나가는 걸 보며 각자에게 남에게 들려주고 싶은 사연 하나는 있을 거라고 혼자 생각합니다.

산책길에서 만나는 많은 사람마냥 저도 그냥 걷고 또 걸어온 인생입니다. 나름 특별하다고 생각하나 그건 내 생각뿐일 수도 있는 평범한 인생입니다. 모래알같이 많은 인생 중 하나겠지만, 더 늦기 전에 한 번 매듭을 짓듯이 나를 정리해 보고 싶은 생각이 자주 들었습니다.

빛나는 별로 남을 수는 없더라도, 영롱하게 반짝이는 작은 모래알로라도 남겨지고 싶은 소망이 크기에, 그리고 무엇보다 저를 양모 이불 개척 사업으로 인도하시고 걸음마다 함께하신 하나님의 섭리에 감사하고자 이 책을 쓸 결심을 했습니다. 하나님이 주신 생명이 다할 때까지 내 경험 자산을 다른 이들에게 전하고 싶은 마음이 간절하기에 메리퀸을 운영하며 겪은 다양한 실패와 성공담, 경영 노하우, 하나님을 향한 사랑을 책에 전부 담고자 노력했습니다.

지난 세월을 돌아보면 정말 호랑이 등에 올라탄 세월이었습니다. 내리면 죽을 것 같아 다시 올라탔습니다. 그런데 올라타고 계속 달리자니 힘들고 무서웠습니다. '그래, 이래저래 죽을 거면 올라타서 끝까지 가 보자!' 하는 심정으로 지금까지 버텨 왔습니다.

이 땅에 양모 침구라는 이름조차 생소할 때, 저는 과감하게 양모 시장을 개척했습니다. 40여 년 가까운 지난 세월, 수많은 어려움이 있었으나 합성 섬유나 우모 침구에 한눈팔지 않고 '메리퀸'(Meriqueen)이라는 회사를 일구어 내며 오로지 양모 침구에만 집중해 왔습니다. 주께서 저에게 주신 소명이라 생각하고 미련하리만치 한 발 한 발 걸어왔습니다. 오늘날 메리퀸을 비롯한 여러 양모 침구 업체를 볼 때마다 저의 지난 노력이 헛되지 않았음에 뿌듯한 마음입니다.

지금까지 제가 메리퀸을 일구어 대한민국 양모 침구 시장에 이바지하고 사람 구실을 하게 된 것은 무엇보다 하나님이 동행해 주셨기에 가능했습니다. 그리고 많은 분과 같이하며 도움을 받은 덕분입니다. 먼저 사랑하는 메리퀸 호승문 이사와 전 직원의 동역이 너무도 귀했습니다. 원자재, 부자재, 생산 등 협력업체들과 원사 직물검사소, 울마크컴퍼니, 전국 대리점, 소비자들까지…. 모두가 한마음으로 하나님이 주신 양모가 소비자에게 편리하게 사용되도록 연구하고 개발하는 데 열심이었습니다.

또한 그 누구보다 사랑하고 존경하는 어머니의 도움 덕분에 열정 다해 일할 수 있었습니다. 어머니의 사랑에 대한 보답은 매일 갚아 나가려 나름 최선을 다하고 있습니다. 당연히 어머니가 주신 사랑보다는 부족하겠지만 말이지요.

앞으로도 하고 싶은 일이 많습니다. 성경 공부도 더 하고 싶고, 주님 발자국을 찾아 구석구석 성지순례도 하고 싶고, 일터사역자로 헌신하며 살고 싶습니다. 해야 할 일도 많습니다. 자연이 준 선물인 양모의 장점을 더욱 널리 알려 보다 많은 사람이 양모 침구를 쓰게 하고 싶습니다. 가능하다면 양모 관련 박물관도 만들어 많은 사람이 양모와 친하게 만들고 싶습니다.

"주의 말씀은 내 발에 등이요 내 길에 빛이니이다"(시 119:105).

'인간다운 인간, 참다운 인간, 아름다운 인간, 영원한 인간이 되

는 것은 어떻게 사는 것인가?'

저는 늘 이 질문을 가슴에 품고 살아왔습니다. 성경의 가르침대로 내 체력이 되는 한도 내에서 이웃의 유익을 구하고 하나님이 나를 통해서 이웃들과 하시고 싶은 일들을 계속 열심히 해 보려 합니다. 좀 더 나은 사람이 되기 위해 저 스스로에게 끊임없이 질문하며 오늘도, 지금 이 순간도, 뚜벅뚜벅 앞으로 나아갑니다.

1부

포근한 이불 한 장이

그립던 시절

1장_

매서운 추위 속에
나를 살리시다

아버지, 나의 아버지

내가 태어나 유년 시절을 보낸 곳은 대한민국 최대의 탄광 지대였던 강원도 태백시 도계읍 심포리라는 광산촌이다. 우리나라 석탄 산업의 최전성기 시절이었던 1960-1970년대에 아버지는 그곳에서 광산업을 하셨는데 손을 대는 것마다 잘되었다고 한다. 2남 3녀의 막딸로 태어난 나는 아버지 덕분에 부유한 어린 시절을 보낼 수 있었다.

　어릴 때 나는 몹시 허약했다. 밤에도 몇 번씩 혼절해서 심할 때는 부모님이 한의사를 모시고 내 방에서 함께 주무실 정도였다.

아버지의 사랑을 독차지한 내 기세는 갈수록 기고만장해졌고, 나를 이길 자 아버지 외에는 아무도 없었다. 어릴 적 아버지는 나의 우상이었다. 못하는 것이 없으셨고, 해 주시는 이야기는 늘 신나고 재미있었다.

그런 세월도 잠깐, 아버지가 폐결핵으로 투병하시게 되면서 우리 집 형편은 급속도로 기울기 시작했다. 아버지의 병환은 나날이 깊어 갔다. 우리 가족은 아버지의 휴양을 위하여 아버지의 고향인 충북 괴산으로 거처를 옮겼다. 어머니는 생계를 위하여 농사를 지으셨다. 혼자 농사일을 하다 보니 남의 집 품앗이도 다니셔야 했다. 그때 나는 집에서 20리 길을 걸어 중학교에 다녔다. 너무 배가 고픈 상태로 먼 길을 걸어서 집에 오면, 공부고 뭐고 밥 먹자마자 정신을 놓은 듯 쓰러져 잠이 들곤 했다.

생활이 갈수록 더 어려워지자 어머니는 농사일이 끝나는 철에는 땡감을 사다 익혀서 우린감(침시)을 만들어 머리에 이고 행상을 하셨다. 하지만 나는 더 이상 학비를 낼 수 없었다. 결국 다니던 중학교를 중퇴하고, 괴산의 어느 군수님 댁 식모로 보내졌다. 굶지 말고 심부름이라도 하라는 의미였다. 거기다 나는 유독 약해서 아버지의 병이 전염될까 봐 내린 결정이라는 걸 나중에 알았다. 아버지는 아프시고 내 밑에 동생들 네 명은 줄줄이 학교에 다녀야 했으니, 어머니로서는 어쩔 수 없는 선택이었다.

태어나 생전 처음 바깥세상을 겪는 서러움에, 어떤 때는 아버지가 너무 그리워 툇마루에 앉아서 한없이 울었다.

'아버지, 어서 와서 나를 하늘나라로 데리고 가 주세요.'

나는 맘속으로 빌고 또 빌었다.

군수님 댁에서 식모로 일을 하며 월 팔만 원의 봉급을 받아 집으로 보냈다. 군수 사모님은 다행히도 이해심이 많은 분이었다. 어리고, 느리고, 철이 없는 나를 너그럽게 대해 주었다. 군수님 댁에 굴러다니는 종류별로 오는 모든 신문을 보는 것도, 아침 설거지를 11시경에야 마치는 것도, 매일 오후 4시가 되어야 청소가 끝이 나는 것도 다 이해해 주었다.

오랜 투병 끝에 아버지는 돌아가셨고, 나는 그 군수님 댁을 나왔다.

밤 기차에서 만난 사람

내 나이 19살 되던 해 겨울. 당시 남대문 새로나백화점에 판매원으로 근무했다. 휴가는 1년 중 명절에만 갈 수 있었는데, 아버지 제사를 위해 집에 다녀오는 길이었다. 그립던 가족을 만나 풍족한 마음으로 서울행 밤 기차를 탔다. 거기서 전남편을 만났다.

밤 기차에서 나를 알게 된 그는 그 후로 적극적으로 내게 접근했다. 나보다 여섯 살 연상이었는데, 나를 대할 때는 항상 예의 바르게 행동했다. 이래저래 데이트랍시고 몇 번 만나는 사이에 나는 그를 오빠라고 부르며 믿고 따르게 되었다. 나중에 그는 태백 우리 집에 내려와서 우리 어머니를 졸랐다. 내가 아직 어리다고 어머니가 허락해 주시지 않자 몇 번이고 다시 찾아왔다. 나이도 어리고, 철도 없고, 결혼이 뭔 줄도 모르고, 나를 좋아한다니까 나는 결국 그 남자를 따라나서게 되었다.

남편은 여행사 국제부에 근무를 하고 있었다. 나는 남편의 수입이 얼마나 되는지도 몰랐고 시댁도 살림이 어려웠다. 시부모님과 남편과 시동생 네 명이 18평 정도 되는 방 세 칸 집에 함께 살고 있었다. 게다가 시아버지는 아파서 걸음도 잘 못 걸으셨으며 팔 하나가 없는 상이군인이었다.

시어머니는 완고한 어조로 "지체 높은 집안에서 시시하게는 혼례식을 올릴 수 없다"고 거듭 강조하며 우겼고, 결국 나는 결혼식도 못 올리고 이제 갓 스무 살의 나이에 혼인신고만 겨우 한 채 시집에 들어가서 신접살림을 시작했다. 그리고 만 4년 만에 법적이혼을 하기까지 나에게는 정말 가슴 아픈, 너무도 고통스러운 날들이 시작됐다.

시어머니는 몇 시간씩 육하원칙에 따라 나를 야단쳤다. 그런 시어머니가 너무 무서웠다. 가끔씩 내 일기를 훔쳐보고는 그것을 꼬투리 잡아서 야단치기도 하고, 친정 엄마한테 써 놓은 편지를 보고도 야단을 쳤다. 불같이 야단치는 시어머니 앞에서 "어머니, 죄송해요, 사실은…" 하며 자초지종을 말씀드려야 하는데, 그냥 억울한 마음에 데면데면 "네, 네" 했는데 그게 또 맘에 안 든다고 더욱 야단을 쳤다.

시어머니에게 야단맞는 것이 너무 두려워서 그때마다 아기를 업고 친정으로 도망을 가곤 했다. 아기랑 함께 친정에 가 있으면 남편이 내려와서 어린애 달래듯 나를 달래고는 했다.

"가자. 내가 잘해 줄게."

그렇게 끌려가고, 또 끌려가기를 반복했다. 남편의 구슬림에 할 수 없이 따라나서긴 했지만, 시댁 골목길 입구에 들어설 때면 멍에 멘 송아지 끌려가듯 억지로 가곤 했다. 집에 들어가면 또 시어머니에게 빌고 몇 시간씩 육하원칙으로 야단맞았다. 정신적, 육체적, 경제적으로 너무 힘든 시집살이였다.

남편은 가정생활에 무책임했으며 한 번도 월급을 내게 가져다준 적이 없었다. 그런데도 시어머니는 월급봉투를 내가 받는 줄 알고 있었다. 한번은 시동생 생일이 다가와 "도련님, 생일에 뭐 사 줄까요?" 했더니 그걸 듣고 있던 시어머니가 "남편이 돈을 주거든 나한테 갖다주면 내가 다 갖느냐? 넌 어떻게 그렇게 철이 없니? 우리가 모두 힘든데 이 집에 너 혼자서 형편이 좋냐?" 하고 야단을 쳤다. 남편은 어리고 아무 철도 없는 내가 힘든 시집살이로 고생하고 있는 것을 알았지만 거기에도 아무 관심이 없었다. 관심은커녕 로비한답시고 매일같이 술 먹고 새벽에 귀가하기 일쑤였다.

그러던 중 스물한 살 여름에 아들을 낳았다. 아이를 낳을 때는 이루 말할 수 없는 고생을 했다. 산통이 시작되는데 예전에 산파 일을 봤던 시어머니가 직접 아이를 받으려고 병원에 안 데려가는 것이다. 그래서 사흘 밤낮을 진통하다 잠들기를 반복했다.

"내가 산파로 애를 몇십 명을 받았어도 너 같은 애는 처음이다."

시어머니도 지쳤는지 역정을 냈다. 내가 너무 고통스러워하자 시어머니는 할 수 없이 나를 병원에 데리고 갔다. 내 상태를 보고 의사가 "한 시간 이내에 아기가 나오겠네요" 하자 시어머니는 다시 나를 집으로 데려왔다. 그런데 한 시간 이내에 나온다던 아이가 집에 오니 그다음 날까지도 안 나왔다. 시어머니가 병원에 가서 물어보니 "산모가 위급해요. 빨리 데려오세요" 했고, 그때 아이를 강제로 분만하면서 하혈이 심해 나는 그만 정신을 잃고 말았다.

그렇게 병원에서 아이를 낳고 입원해 있는데 시어머니는 그다음 날 바로 퇴원을 시켰다. 하루라도 더 있으면 병원비가 많이 나온다는 이유였다. 병원에서 수술을 했기 때문에 염증 치료를 해야 한다며 약을 주었다. 그 약을 먹어야 하는데 그것을 먹으면 모유가 안 나온다고 시어머니가 약을 못 먹게 했다. 젖은 불었는데 젖꼭지가 갈라져 아프고 고름이 나니까 아이에게 먹일 수가 없었다. 그런 중에 시어머니는 모유가 많이 나야 한다면서 돼지족발을 삶아 놓고 먹으라고 재촉했다. 아이는 배가 고파 울고, 수유는 할 수 없고, 아이를 안고 씨름을 하니 팔도 아프고 너무 힘들어 죽을 지경이었다.

　시어머니는 "너처럼 시원찮은 애 처음 봤다!"면서 고함을 지르고 고래고래 욕을 했다. 그런데 그때 나는 시어머니의 고함 소리도 귀에 들리지 않고 오직 누가 아이 우유 한 통이라도 사 줬으면 소원이 없겠다는 생각만 간절했다.

　그 후 친정에 갔을 때 마이신을 젖꼭지에 바르니 곪았던 염증이 바로 나았다. 무슨 일이든지 항상 야단만 맞았던지라 그것도 시어머니한테 혼날까 봐 걱정을 했는데 오히려 칭찬을 하는 것이다. 친정 가서 애 분유 사 먹일까 봐 걱정했는데 젖꼭지 나아서 모유 먹였으니 그거 하나는 잘했다고 했다.

　힘든 산고를 치르고 초주검이 된 끝에 낳은 아들이었지만 남편은 별로 기뻐하는 기색이 없었다. 그래도 아이가 태어났으니 이제 분가해야겠다는 생각으로 남편과 의논하여 친정 엄마에게 계를 들었다. 곗돈을 다섯 번쯤 붓고는 오백만 원이란 목돈의 계를 먼저 타게 되었다. 그러자 남편은 회사에 급한 사정이 생겨서 돈이 필요한 데 우선 써야 한다며 그 돈을 달라고 했다. 그러나 금방 쓰고 가져오겠다던 돈은 결국 다시 만져 보지 못했다. 남편이 몽땅 날려버린 것이다. 겨우 다섯 번 부은 곗돈을 그대로 날려 버렸으니 분가하는 것도 헛일이 되었고 당장은 남은 계를 부을 일이 막막했다.

죽음을 삶으로 바꾼 운전면허

남편은 여권법 위반으로 도망 다니는 신세까지 되었다. 남편은 나를 친정에 가서 지내도록 했다. 아이를 데리고 태백 친정으로 내려갔다. 남편은 도망 다니고 있고, 곗돈은 부어야 하고, 할 수 없이 친정에 있는 동안만이라도 포장마차를 운영해 보기로 했다. 그래 봐야 외갓집 처마 끝에 지붕을 올리고 문만 달아서 만든, 물도 안 나오는 포장마차였다.

그 무렵 우연히 소설책 하나를 읽게 되었는데 그 주인공이 운전면허를 따서 멋있게 자살하는 내용이 있었다. 아이를 데리고 친정에 내려와 지내면서 이런저런 실의에 젖어 희망이 없던 나는, 그것을 보고 나도 그렇게 해야겠다고 몰래 마음을 먹었다.

'운전면허 따서 멋있게 자살하자.'

그냥 내 손으로 자살하면 나중에 그걸 알게 되시는 엄마가 평생 얼마나 한이 될 것인가? 그러니 자살을 사고로 위장하려는 생각이었다. 만약 누가 "당신 큰딸 어떻게 잃었어요?"라고 물었는데, "자살했어요"라고 말해야 한다면 엄마가 너무 괴로울 것 같았다. 그러니 가더라도 부모님 욕 안 먹게 가야겠다고 다짐했다.

운전면허 학원에 등록했다. 필기는 어렵지 않게 붙었는데, 문제는 실기였다. 연습할 땐 잘한다고 칭찬을 많이 받았는데, 어찌된 영문인지 시험만 치면 떨어졌다. 원래 겁은 좀 많지만 그래도 내 딴에는 한다고 했는데, 꼭 주차 선을 밟든지 차가 언덕에서 밀리든지 했다. 조심조심 코스를 돌다 이제 됐구나 싶으면 이번엔 시간을 초과하여 탈락하는 것이다. 하도 시험에 낙방하다 보니 응시료와 경비가 만만치 않았다. 매번 어머니께 차비를 얻어서 다니는데 자꾸 떨어지니 너무 미안했다.

그날도 실기에 떨어졌다. 마음이 무너져 내렸다. 너무 속상했다. 이제 한 번만 더 떨어지면 필기부터 다시 시작해야 했다. 집에 돌아오자마자 포장마차에도 나가지 않고 뒷방에 몰래 들어가 펑펑 울었다. 왜 이렇게 나는 되는 일이 없는 것인지, 모든 게 너무 화가 나고, 나 자신이 바보 같고 원망스러웠다.

내가 뒷방에 틀어박혀 대성통곡을 하자, 무슨 일인가 하고 빠끔히 들여다보던 막냇동생이 금방 어머니께 달려가서 전했다. 그러고는 쪼르르 다시 달려오더니 "언니, 엄마가 다음에도 차비 대 준대. 걱정하지 말고 나와서 밥 먹으래" 하는 것이다. 막내가 울고 있는 내 어깨를 잡고 흔들었다. 동생들 앞에 부끄러운 것은 둘째고 이젠 마지막 기회를 남겨 둔 터라 만일 어머니가 차비라도 안 주시면 그마저도 낭패인 것이다. 나는 울어서 퉁퉁 부은 눈으로 못 이기는 척 밖으로 나왔다. 그리고 어머니가 차려 주신 저녁밥을 먹었다.

다음 날 시험을 치르기 전에 하나님께 간절히 기도를 드렸다.

"하나님, 이번에는 꼭 합격시켜 주세요. 이거 붙게 해 주시면 사고사로 자살하지 않고 하나님 위해 일하겠어요."

드디어 2년 만인 마지막 시험일에 자동차 운전면허 전 코스를 합격했다. 흰 눈발이 펄펄 날리는 성탄 전야 12월 24일, 나는 내 생애 이처럼 좋을 수가 없는 최고의 기쁨을 만끽했다. 춘천 면허 시험장에서 집으로 돌아오는 길, 늘 쓰라린 낙방으로 풀 죽어 오던 그 먼 길이 너무도 가슴 벅찬 길로 내 앞에 쭉 뻗어 있는 것이었다.

아무것도 남은 게 없던 그때

아이와 친정에서 지내던 어느 날, 남편의 친구들이 찾아왔다. 그 때 남편은 이곳저곳 친구 집을 전전긍긍하며 숨어 다니는 중이었다. 그 와중에도 다른 여자들을 집사람이라고 속이면서 같이 데리고 다닌다고 했다. 오죽했으면 남편의 친구들이 보기 딱했는지 나를 찾아와서는 위로한답시고 그 사실을 알려 준 것이다. 그런데 나는 질투도 나지 않는 바보였다. 겨우 한다는 소리가 "내가 없으니까 그렇겠지요, 뭐" 하고는 그들을 돌려보냈으니 말이다.

시간이 지나 여권법 위반으로 도망 다니던 남편이 친정에 들렀다. 서울로 올라가려는데 이상하게 나와 함께 가려 하질 않고, 내가 "낮차로" 하면 남편은 "밤차로" 하는 것이다. 함께 올라가는 동행이, 그것도 여자가 있는 것 같은 찜찜한 기분이 들었다. 할 수 없이 나는 친정에 남아 있고 아들을 딸려서 보냈다. 그런데 그 길로 아들과 이별하게 될 줄 몰랐다.

남편이 날린 곗돈을 갚겠다고 포장마차를 시작했으나 그마저도 쉽지 않고, 쫓기는 상황에서도 남편은 여자들을 바꿔 가며 데리고 다닌다는 소문에다, 시어머니가 장손이라고 아이마저 줄 수 없다는 터라, 내 마음은 정말 의지할 곳이 없었다. 남편은 가끔 전화해서 곧 돈을 많이 가져온다고 하며, 우선 차비를 부쳐 달라는 등 앞뒤 맞지도 않는 헛된 말을 늘어놓곤 했다. 급하다는 말만 듣고 약간의 돈을 부쳐 주면 그 뒤에 아무리 기다려도 오지 않았고 감감무소식이었다.

답답한 마음에 절에 가서 삼천 배도 해 보았다. 아무 소용이 없었다. 이도 저도 안 되니 그저 마지막 자포자기 심정으로 남편 있는 곳에 가서 밥이나 해 줘야겠다 싶어 안동으로 갔다. 남편은 그때 자기 고향에서 몰래 숨어 지내고 있었다.

버스터미널에 내리니 남편이 기다리고 있었다. 시장에 들러 반찬거리를 사 가자고 해서 함께 장을 보러 가던 길에 남편 친구를 만났다.

"그때 그 여자냐?"

그 친구는 옆에 있는 나는 아랑곳없이 남편에게 이렇게 물었다.

"아니야. 이 사람이 진짜야."

남편도 역시 옆에 있는 나는 아랑곳하지도 않고 가볍게 대답했다. 그러자 그 친구가 남편 어깨를 툭 치며 이렇게 말하는 것이다.

"야, 그때도 진짜라고 말했잖아, 임마!"

이 무슨 해괴망측한 풍경인가 싶어 그 순간 나는 아무 생각도 나지 않았다. 단지 '역시 여자들 데리고 다니며 다 아내라고 소개했구나. 아, 여기도 내가 필요 없구나. 다른 여자가 있고, 아들도 장손이라 줄 수 없고, 우리 집만 빚투성이를 만들어 놓고…' 하는 서러운 생각만 끊임없이 솟아올라 머릿속이 멍해졌다. 아침밥을 해 주고는 조용히 속옷 한 벌만 챙겨 집을 나왔다.

방황 속에서 만난 주님

그냥 길을 따라 정처 없이 걸었다. 이 길 따라가다가 기회를 봐서 죽어야겠다고 마음먹었다. 아무리 생각해 봐도 더 이상 살아 있을 아무런 이유가 없었다. 우리 엄마의 딸로서도 불효만 하고, 아들의 엄마로서도 필요가 없고, 아내로서도 필요가 없는 이 세상에 더는 생명을 이어 갈 필요가 없다는 생각만 깊어졌다.

그런데 막상 죽으려고 생각하니 오만 가지 일들이 머리에 스쳐 지나갔다. 생각에 생각이 꼬리를 물어 그렇게 하루 종일 걷다 보니 저녁나절 풍산이라는 곳에 이르렀다. 시골이라 사방이 금방 어두워졌다. 그때 나는 눈물이 흐르다 마르다 반복한 얼굴과 종일 걸어 잔뜩 지친 몸과 마음이었다. 그러다 문득 '마지막으로 내가 아는 사람들을 위해 기도나 하고 죽어야겠다'는 생각이 들었다.

주변에 교회를 찾아보았다. 십자가 종탑을 보고 찾아가니 천주교였는데 문이 굳게 잠겨 있었다. 다시 걷다 보니 작은 교회가 있었다. 안에서는 피아노 소리가 흘러나왔다. 안으로 무작정 들어가서 안쪽에다 대고 물었다.

"기도 좀 하고 가도 되나요?"

그러자 어린 소녀가 나오면서 대답했다.

"아, 네."

한참 기도하다 보니 목사님이 나왔다. "여길 어떻게 오셨습니까?" 하고 물었다. 나는 그동안의 이야기를 대충 말씀드리곤 잠시 기도하고 가려고 들렀다고 말했다. 내 행색을 눈치챈 목사님은 "저녁 안 드셨지요?" 하고 묻고는 어딘가로 나를 끌고 가더니 라면을 끓여 주었다. 생각지 못한 호의였지만 삶을 포기하려고 마음먹은 나는 별 느낌도 없이 식사를 했다. 목사님은 그런 내 마음을 알았는지 "오늘 밤은 여기서 주무시고 내일 가세요" 했다. 나는 할 수 없이 죽는 것을 내일로 미뤘다. 오늘 밤만 지나고 여기서 빠져 나가는 대로 죽어야겠다 생각했다.

그 댁 어린 딸 방에서 하룻밤을 묵었다. 다음 날 아침에 목사님이 이렇게 말했다.

"내가 잘 아는 장로님이 서울에서 큰 공장을 운영하시는데 내가 연락처를 알려 줄 테니 한번 찾아가 보십시오."

목사님은 약간의 현금과 서울행 버스표도 하나 손에 쥐여 주었다. 나는 전날 했던 생각은 다 잊고 이끌리듯 버스터미널로 향했다. 그것이 내가 죽음의 문턱에서 스스로 주님을 찾아가 만난 첫 은혜였다. 훗날 생각해 보니 그때 주님은 내 상심한 마음을 돌리기 위하여 무슨 큰 확신이나 위로를 주신 게 아니라 아주 다급하게 내 길의 방향을 돌려세우셨던 것 같다. 그 당시에 믿음이 없던 나는 그것을 몰랐지만 주님이 나를 보며 얼마나 안타까우셨을까 생각하면 지금도 눈물이 난다.

버스는 몇 시간 후에 서울 마장동 터미널에 도착했다. 막상 서울에 도착하니 죽어야겠다는 마음보다는 호기심이 생겼다. 목사님이 가르쳐 준 곳을 물어물어 가 보니 신발 공장이었다. 사무실 여직원에게 찾아온 사연을 얘기했다.

"사장님은 지금 안 계세요. 서울 사무실에는 자리가 없고, 공장에 가면 자리가 있을지 모르니까 부평 공장으로 가 보실래요?"

나는 그길로 당장 부평 공장을 찾아갔다. 공장장을 만나 보니 나이가 지긋한 장로님이었다.

"내일 사장님이 오시니까 그때 만나기로 하고, 우선 기숙사에서 하룻밤 주무십시오."

그곳에서 묵고 난 뒤 다음 날 아침밥까지 얻어먹고 기다리는데 공장장 장로님이 다시 불렀다.

"사장님이 오시기로 했는데 사정이 생겨서 다른 곳에 일 보러 가셨고, 여기서는 검품과가 그래도 가장 일이 쉬운데 해 볼 수 있겠습니까?"

나는 조금도 망설임 없이 어떤 일이든 일단 해 보겠노라고 씩씩하게 대답했다. 그런데 궁금한 것이 있었다.

"결혼했는데도 취직이 되나요?"

"힘들면 못하니까 우선 해 보고 말씀해 주세요."

공장장 장로님은 흔쾌히 승낙하면서 나를 작업장으로 안내해 주었다. 일은 생각보다 할 만했다.

나는 마음속으로 '이제부터는 교회를 다녀야겠다' 다짐하고는 주변에 물어보았다. "교회는 어느 교회를 가면 좋겠습니까?" 하고 물으니 누가 여의도순복음교회를 추천했다. 곧바로 여의도 가는 버스를 탔다.

교회 앞에 가니 너무 커서 어디가 어딘지 모르겠어서 어느 여자 집사님을 붙잡고 물어보았다.

"예배드리는 곳은 어디인가요?"

"예배가 아직 다 끝나지 않아서 이곳에서 좀 기다려야 해요."

예배가 끝나기를 기다리면서 그 집사님과 잠시 이야기를 나누었다. 그 집사님은 나에게 어떻게 여길 왔느냐고 물었다. 나의 자초지종 얘기를 들은 그분은 "하나님이 사랑하시는 딸이네!" 하면서 내 손을 덥석 잡았다. 그날 우리는 함께 예배를 드렸다. 찬송을 부르는데 얼마나 눈물이 나던지 하염없이 울었다.

예배를 마치고 나오는데 집사님이 "시간 되면 우리 집에 가서 차라도 한 잔 하고 가세요" 했다. 나는 얼떨결에 집사님의 집으로 갔다. 여의도에 있는 아파트였다. 집사님은 나에게 우유 한 잔과 성경책을 하나 건네주었다.

"합동찬송가에서 통일찬송가로 바뀌어 성경을 새로 사게 되었거든요. 제가 읽던 구성경을 선물로 드릴게요."

그때, 나는 결심했다. '주님이 나를 다시 살게 하시고, 이렇게 성경까지 선물로 주셨다면, 내가 비록 믿음은 없지만 다시는 주님의 신의를 저버리는 일은 하지 않겠습니다' 하고 마음속으로 기도했다.

모두가 하나님의 인도하심

나는 그 신발 공장에서 맡은 일을 하던 중 인생의 소소한 이치를 하나씩 깨달았다. 공장에서 내가 맡은 일은 전 부서에서 만든 구두창을 리어카에 한가득 실어 와서 검품하는 일이었다. 처음엔 쉽게 할 수 있는 일이지만 갈수록 허리가 굽어진다. 그러다가 검품을 마치고 맨 아래부터 허리를 굽혀 물건을 쌓으면 다시 허리를 펼 수 있다. 그러니 처음에 쉽게 시작하면 갈수록 힘들어지지만,

힘들게 시작하면 갈수록 쉬워지는 것이 세상의 이치가 아닐까 생각했다. 단순하지만 내가 몸소 체험하여 깨달은 세상 이치였고, 나 자신을 향해 삶의 소망을 주는 메시지였다.

일단 취직은 되었으나 회사에서 추천서를 내라고 하기에, 나를 이곳으로 소개해 준 풍산교회 목사님에게 편지를 보냈다. 목사님은 추천서와 함께 내 십일조를 그곳으로 보내 달라는 내용의 답장을 보내왔다. 나는 적이 실망하고 말았다. 알고 보니, 목사님이 이 회사 사장님과 잘 아는 사이라서 나를 여기로 보낸 것이 아니었다. 회사에서 공장 직원을 모집하고자 전국 교회에 무작위로 공문을 보냈고, 첫 월급의 십일조를 교회에 내는 조건으로 인력을 소개한 것이었다. 나는 물론 공장장님도 깜빡 속았다.

이제 와서 십일조를 보내 달라고 하니 나로서는 참 서글픈 현실이었다. 한편으로는 버스표까지 마련해서 당시 상심에 빠진 내 등을 떠밀어 여기까지 오게 해 준 것에만은 감사해야겠다는 생각이 들었다. 나는 첫 월급을 타서 목사님이 내게 베푼 것 이상으로 보답했다. 그걸로 마음의 빚을 털어 내는 걸로 했다.

죽으려고 마음먹었던 나, 한 푼도 없었던 나에게 이젠 일자리, 잠자리, 용돈, 이 모든 것이 생겼다. 아, 그리고 성경책도. 이 모두가 하나님의 인도하심이 아니었던가.

공장 사장은 18세 이하의 아이들을 월급도 제대로 주지 않고, 잔업에 야근까지 시켰다. 그는 자기 사업을 위해 하나님을 철저히 이용했는데, 매일 예배드릴 때 게으르고 불량을 내면 하나님께 죄를 짓는 것이라고 거듭 강조했다. 아이러니하게도 어린 직공들은 그 힘든 상황 속에서도 금요철야 예배를 빠지지 않았고, 사장님과 공장을 위해 열심히 기도했다. 하나님은 선하신데 하나님을 믿는 사람은 다 선하지 않다는 것을 알게 되었다.

나는 그곳에 있는 동안 어린 직원들의 언니 역할을 하면서 잘 지냈다. 내가 그만두고 몇 년 뒤 그 회사는 부도가 났고 N사로 넘어갔다.

다음 세대를 위한 카펫

어느 날 주일예배를 다녀오니 다섯 명의 조카가 우르르 우리 집에 모였다. 녀석들이 온다기에 미리 준비해 둔 1,500피스 지구의 퍼즐을 건네면서 미션을 주었다. 이걸 완성하면 용돈을 주겠다고 하니 아이들이 긴 탄식을 내지르며 힘들다고 한참을 아우성이다. 그러더니 어차피 수행해야 할 과제라는 것을 감지했던지 눈치 빠른 녀석들은 우선 역할 분배부터 했다. 아이들은 열심히 맞춰 나갔다. 힘들 땐 역할을 바꾸는 등 제법 요령이 느는 것이 보인다. 옆에서 지켜보다가 녀석들이 대견해서 한마디 거들었다.

"난 메리퀸 열심히 운영해서 너희가 지금 퍼즐로 만드는 지구 여기저기 구석구석 다닐 수 있는 비행기 표 살 돈을 벌어야겠구나. 나는 몸이 늙어서 갈 수 없지만 너희는 어디든 갈 수 있어."

녀석들의 눈이 반짝인다. 손으로는 퍼즐 맞춤에 집중하면서도 내 얘기를 흥미롭게 듣고 있다는 것을 나는 알 수 있다.

"그 땅은 하나님이 창조하셨단다. 그러니 너희는 모두 가 보고 느끼고 누리거라."

내 말이 녀석들에게도 활력이 되었는지 손들이 더욱 빨라지는 것을 볼 수 있었다. 그리고 그동안 조카들에게 하고 싶었던 말을 해 주었다.

"나는 너희에게 카펫이 되고 싶어."

어릴 때 나는 피아노 치던 사촌 언니가 너무 부러워 나도 피아니스트가 되고 싶었다. 하지만 지금은 누군가를 위한 카펫이 되고 싶다. 그들이 차디찬 바닥을 딛지 않아도 되도록, 행여 돌짝 밭 같은 길을 가야 하더라도 포근한 섬유로 발가락 사이사이를 보호하도록, 그들을 앞서가며 카펫이 되어 주고 싶다.

지금까지 나를 인도해 주신 하나님, 그 하나님의 도우심을 떠올리면 너무나 감사하다. 그래서 나는 그 하나님이 나를 카펫으로 사용하시도록 나를 드린다. 내 조카들뿐만 아니라 그 누구에게라도 하나님의 나라를 이 땅에 이루어 가는 데 쓰이는 카펫 같은 인생이 될 수 있다면 얼마나 영광스러운 일일까?

"그러니 너희는 어렵고 힘든 이웃을 모른 척 말고 나누어야 한다, 알겠지?"

"네에!"

녀석들은 대답했다. 지구의 퍼즐은 긴 시간 집중해야 하는 작업이었다. 다섯 명이 역할을 분담하여 만들었는데 오후부터 시작해 자정이 넘어서 끝났다. 드디어 지구의가 완성되었다.

"와아!"

모두 탄성을 질렀다. 모두 손을 지구의에 대도록 한 뒤 내가 기도했다.

"하나님, 존귀한 아들딸들이 이 땅을 모두 밟고 누리게 하소서. 그리고 하나님의 사랑을 나누게 하소서. 이 땅에 온 목적을 이루게 하소서."

때로는 어린아이들이 우리 삶의 목적을 더 깊이 아는 듯하다. 어른들은 단지 잘 먹고 잘사는 것에만 집중하는데 말이다. 하나님을 닮은 순수함을 잃지 않아서 그런 모양이다.

2장

주님의 초대로
양모를 만나다

양모와의 운명 같은 만남

남대문시장 판매원으로, 청량리 맘모스백화점 판매원으로, 포장마차 운영, 신발창 공장의 근로자로 전전하던 중 어느 앨범 제조회사에 일자리를 얻게 되었다. 들어가서 일 년쯤 일했는데 회사가 건물을 사서 이사했다. 그런데 새로 이사한 곳이 하필이면 시댁바로 앞 건물이었다. 회사 창문 너머로 시댁 마당이 빤히 내려다보였다. 어린 내 아들이 놀고 있는 모습도 보였다. 일이 손에 잡힐 턱이 없었다. 버스를 타고 출퇴근할 때 동네 사람들을 하나둘 만나다 보니 내 소문을 듣고 시어머니가 찾아왔다.

"다시 합칠 수 없느냐?"

아들을 생각하면 마음이 아팠지만, 시어머니의 제안을 단호하게 거절했다. 그러곤 독하게 마음을 먹고 고향인 강원도 태백으로 내려왔다.

고향으로 내려온 나는 가장 먼저 황지교회를 찾아갔다. 이제까지 잠시 잊고 살았던 하나님을 다시 찾게 된 것이다. 그리고 나는 여기에서 내 평생을 바치게 될 양모와 운명처럼 만난다. 그럴 수 있었던 것은 황지교회의 담임목사님이던 이정규 목사님을 통해서다. 그야말로 내 평생 잊을 수 없는 은인이요, 아버지와 같은 분이다.

이정규 목사님은 광산 선교와 복지에 뜻을 두고 1984년 '기독교광산지역사회개발복지회'(1993년에 '광산지역복지선교회'로 개명, 현재는 태백사회복지회)를 창립했다. 복지회는 소외되고 어려운 삶을 사는 탄광 지역 주민들이 소망 찬 삶을 살도록 여러 가지 지원과 선교 활동을 펼칠 수 있는 거점이 되었고 많은 일을 해 나갔다.

그 당시 광산 지역엔 재해가 많은 직업 특성상 결손 가정이 많았는데 이정규 목사님은 결손 가정에 경제적 보탬이 되고자 부녀자들의 일거리를 마련할 방법이 없을까 늘 고민했다. 그러던 어느 날, 서울의 한 교회 부흥집회에 강사로 가서 광산촌을 소개하면서 이런 고민을 이야기했는데, 이를 김능자 권사님이 귀담아들은 모양이었다. 강연 후 식사 자리에서 김 권사님이 "부업을 하려면 얼마 있으면 됩니까?" 하고 물어봤고, 목사님은 깊게 생각하지 않고

"300만 원 정도 있으면 됩니다!" 했단다. 마침 권사님이 따로 모아 둔 돈 300만 원이 있다면서 목사님의 간절함에 대한 응답이라면서 주었다. 바로 그 돈이 양모 실을 뽑아 스웨터를 짜서 전국에 내다 팔았던 양털 부업의 단초가 되었고, 지금의 양모 사업의 밑천이 되었다.

나는 그때 이러한 이정규 목사님과 복지회의 저간의 사정은 전혀 모른 채 목사님을 불쑥 찾아갔다. 그리고는 해외 선교사 파송 교육이 있는데 거기에 들어가 하나님 사업에 동참하고자 하니 추천서 하나만 써 달라고 부탁했다. 그랬더니 목사님이 대뜸, "하나님 사업은 여기도 있어요. 그래서 못 써 주니 이 일이나 해 보시오!" 했다. 나는 무슨 사업인지 물었다.

"양털 사업이오. 생각보다 골치 아프니 좀 맡아서 해 주세요. 관리도 안 되고 있고 장부도 엉망입니다. 그러니 좀 해 주시오."

전혀 뜻하지 않은 제안이었다. 나는 당황스럽긴 했지만, 이정규 목사님 말씀이니 순종하기로 마음을 정했다. 월급을 묻기에 교회 사무원 급여와 똑같이 13만 원만 받겠다고 했다. 그길로 다짜고짜 일을 시작했다. 죽으려고, 죽기 살기로 일했다. 그런데 죽지는 않고 과로로 간만 나빠질 뿐 일만 더 잘되어 점점 일거리가 많아졌다.

하나님 사업에 동참시켜 주시다

이정규 목사님은 하나님의 말씀을 삶 속에 철저하게 실천하며 살아온 분이다. 목사님에게 배운 것은 말씀 중심의 신앙과 정직이다. "정직"은 훗날 내 사업의 신조가 되었고, 말씀 중심의 신앙은 내 삶이 되었다.

목사님은 광산 지역 선교와 복지의 필요성을 전국 교회에 알렸다. 양모 사업의 수익이 선교비로 사용된다는 것이 여러 교회에 알려졌다. 덕분에 소망교회, 새문안교회 등 많은 교회가 판매를 적극 도왔다. 그렇게 교회가 양모 사업의 초기 유통망이 되었다.

나는 양모 이불을 싣고 서울이든 대구든 가서 며칠씩 판매를 하고 돌아오곤 했다. 교회 사무실로 돌아오면 자정이 넘을 때도 있었다. 교회 마당으로 차 들어오는 소리가 나면, 목사님은 잠도 자지 않고 기다리고 있다가 목사관 창문을 열고 내다보며 인사해 주었다. 그럴 때면 꼭 아버지 같았다.

다음 날 이불을 판매하고 받은 500-600만 원 정도 되는 현금을 전달드리면 목사님은 "아이고, 주님. 이 딸이 수고하고 애쓴 것을 꼭 기억해 주시고 주님 손으로 갚아 주시옵소서!" 하고 돈다발에 손을 얹고 기도해 주었다. 나는 그 기도면 피곤함도 다 잊고 위로를 얻었다.

하루는 복지회 직원들이 특별히 수고한 날 짜장면을 시켜 먹고 영수증 처리를 했다. 이정규 목사님에게 결재를 받는데, "여봐요, 누가 후원금 걷어서 짜장면 사 먹으라 했소?" 하며 벼락같이 호통을 쳤다. 검소하고 청렴한 삶을 살아온 목사님은 후원금에 대한 투명한 운영을 항상 중요하게 여겼다. 우리는 얼른 각자가 먹은 짜장면 값을 걷어서 처리했다. 정직한 운영은 이런 것임을 목사님 아래에서 배웠다.

광산 지역 선교와 복지를 위해 하나님은 이정규 목사님을 통해 많은 일을 하셨다. 되돌아보니 하나님은 그때 이미 목사님을 통하여 나를 하나님 사업에 동참시켜 주신 것이다. 그러나 당시엔 하나님에 대한 나의 신앙이 약했다. 나에게 있어서 신앙이라고 해봐야 그저 주일예배만 잘 지키면 되는 줄 아는 정도였다. 그런 나를 보살피고 인정해 준 이정규 목사님 덕분에, 나는 조금씩 내 삶의 어두운 터널을 벗어날 수 있었다. 하나님의 도우심이다.

탄광 지대에 온 독일 면양 80마리

광산지역사회개발복지회의 양모 이불 사업은 어떻게 가능했던 것일까? 결정적 도움이 있었는데, 해외에서 온 면양 80마리가 중요한 전환점이었다. 1987년 6월, 독일의 사회복지협의체(EZE)에서 우리 복지회에 광산촌의 어려운 사람들을 위해 청소년학교 교육

용으로 활용하도록 기증해 준 것이다.

복지회에서는 그 면양으로 복지 목장을 운영했다. 양을 직접 길러 털을 깎고 실을 뽑아 광산 근로자 부녀자들을 대상으로 부업 지도를 시작했다. 강원도 골짜기 예수원에 선교사로 와 있던 브라이트(E. N. Bright) 신부가 양 기르는 법, 털 깎는 법, 실 뽑는 기술 등을 지도해 주었다.

목장에서 나온 양모를 가공하여 뽑은 실로 광산촌 주부들이 뜨개질로 옷을 만들면 그것을 백화점에 내다 팔았다. 처음에는 양털로 스웨터를 생산해서 팔았는데, 유행이 지나니까 그만 팔리지 않았다. 그런데 이불은 잘 팔렸다. 처음엔 양털을 목화솜으로 하는 것처럼 해서 속청을 만들었더니 양모가 다 빠져나왔다. 부직포로 싸고 원단을 깔아서 속통을 만드니 해결되었다. 이불은 한 사람이 써 보고 사돈에 팔촌까지 선물하는 등 점점 판매량이 증가했다. 한 사람이 이불 한 개 사면 그 후에 열 개 이상씩 팔아 주었다. 이것이 양모 침구 사업의 계기가 되었고, 그 사업을 담당했던 나는 마침내 전국 교회로 보따리 장사를 다니게 되었다.

나는 복지회 간사로 일하면서 부업 지도도 맡아서 했다. 부업 지도는 원사 관리 및 재료 수급부터 제품 판매, 인력 관리 등 챙겨야 할 것들이 많았다. 무엇보다 양털 취급이 쉽지 않은데, 양털에 대한 전반적인 지식이 없는 것이 가장 어려운 점이었다. 양털은 탈색, 악취 제거, 부드럽게 만드는 것 등 결코 가공 과정이 쉽지 않았다. 공부할 수 있는 교재가 따로 있는 것도 아니고, 이곳저곳 찾아다니며 묻고 또 묻고 일일이 자문을 받아야 했다. 더러는 친절하게 가르쳐 주었지만 문전박대 당하기 일쑤였다. 염치 불고하고, 막무가내로 모르는 것을 열심히 배워 나갔다.

양모 사업은 수익금의 50퍼센트를 선교비로 사용하는 것을 목적으로 했다. 판매 수익금이 광산 지역 선교와 복지를 위해 사용된다는 것을 알게 된 소망교회, 새문안교회 등 많은 교회가 판매를 적극 도왔고 롯데백화점에서는 단기 행사 판매장을 만들어 주었다.

일하다 죽지 말고 살리기 위해 일하라

그땐 정말 말 그대로 닥치는 대로 일했다. 양모 사업은 물론 복지회 간사로 일했고, 운전을 할 줄 알아 늘봄어린이집과 교회 차 운전기사도 했다. 그러면서 아이들 밥도 해 주었다. 윗동네 아이들을 태워 와서는 쌀 씻어 담가 놓고, 아랫동네 아이들을 데려다 놓고는 밥을 했다. 교사들 일손이 모자랄 땐 아이들을 돌보는 일도 거들었다.

제품 수거와 배달을 하고, 하루가 멀다고 서울을 드나들었다. 태백에서 서울까지 양털 제품들을 내다 팔고, 또 서울에서 모아 주는 헌 옷가지들을 실어 와서 광산촌 아이들에게 입히는 등 전천

후 사역을 한 것이다. 그렇다고 월급을 많이 받은 건 아니었다. 그때 내 급여는 교회, 복지회, 늘봄어린이집, 세 군데서 조금씩 모아 한 사람 것을 충당한 정도였다. 돈 때문에 일하지는 않았다.

대형면허도 취득했다. 그때만 해도 여자가 대형버스를 운전한다는 것을 다들 신기해하면서 안 미더워했다. 교회 차가 사고 났다는 소식이 들리면 무조건 "그 여자가?" 하고는 내가 사고를 낸 줄로 생각하곤 했다. 사고는 다른 남자 집사님이 냈는데도 말이다.

한번은 교회 행사를 위해 내가 24인승 버스를 운전했는데 모두 갸우뚱했다. 어떤 분이 "기사님 수고하시는데 떡 좀 드려야겠네" 하니까 차 안이 술렁술렁했다. 뒤에서 "운전하는 데 방해되니까 도착해서 드립시다", "거 모두 기사님 운전하는 데 방해하지 말고 조용히들 합시다" 하면서 옥신각신하는 것이다. 말은 안 해도 다들 긴장했던 모양이다. 어느 남자 집사님은 "호 간사님 보면서 충격을 받아 나도 운전면허를 땄습니다. 여자도 하는데 내가 못해서 되겠는가 말이죠!" 하며 감사를 전한 적도 있다.

일감이 늘어나 교회 미니버스를 갖고 서울에 올라왔다가 수요예배 직전 태백에 내려가 교인들을 픽업했다. 그때부터 차로 다니면서 먹는 것이 습관이 되었다. 힘든 일을 하는데 몸이 허해지면 일을 할 수 없기에 끼니는 빼놓지 않고 늘 챙겨 먹었다.

왜 그렇게 쉬지 않고 일했을까? 지금에 와서 생각해 보면 이렇게 하지 않고서는 나에게 지워진 상황을 이겨 낼 수 없었던 게 아닌가 싶다. 결혼에 대한 상처와, 무엇보다 아들 생각은 지울 수가 없는 것이었다.

몸은 비록 힘들었지만 또 한편으로는 봉사활동에 재미를 갖게 되었다. 광산촌 부녀자들과 어린이들을 도울 수 있다는 것이 보람이요, 기쁨이었다. 하나님은 부족한 나에게 헤아릴 수 없는 긍휼과 자비를 베풀어 주셨고, 넘치는 보상으로 채워 주셨다.

그때는 정말 혼자 북 치고 장구 치고 다 했다. 백화점 판매 행사를 할 때였다. 담당자가 와서 "당신네 사장 데려오시오" 하면 "사장 접니다" 하고, "당신네 영업부장 데려오시오" 하면 "영업부장 접니다" 하고, "당신네 판매사원 어디 있소?" 하면 "판매사원 접니다" 했다. 그 담당자는 어이가 없다는 표정으로 나를 쳐다보았다. "예, 제가 북 치고 장구 치고 다 합니다" 하면 마침내 씩 웃고 말았다. 이런 내 상황을 아는 사람들은 대부분 "이 많은 일을 어떻게 하려고 그래요?" 하곤 했다. 내 대답은 한 가지뿐이었다.

"사람이 없어서 그럽니다."

이정규 목사님이 전국 교회에 미리 연락을 해 두면, 나는 이불을 싣고 가서 판매했다. 여전도회, 구역 권찰회 등 사람이 모이는 곳이면 가서 설명하고 판매했다. 그중에 사용해 본 사람이 또 찾아 주기도 하고 소개해 주기도 했다. 아는 사람을 통한 판매가 많았다.

이불을 팔면서 헌 옷을 얻어 와 어린이집의 가난한 원아들이나 부업반 어려운 집에 나눠 주는 일도 겸했다. 서울 큰 교회에서 얻어 오는 옷들 중에는 비싼 메이커 옷이 많았다. 헌 옷을 준다니까 처음에는 사람들이 귀신 붙었다면서 안 입었다. 그래서 교회 마당에 펼쳐 놓고 "필요한 사람 가져가시오!" 하고 광고했더니, 너도나도 가져가는데 리어카로 실어 가는 사람도 있었다. 이건 아니다 싶어서 오백 원, 천 원씩을 받고 나눠 주었다. 그렇게 팔아 모은 돈이 150만 원 정도 되었다. 그것이 헌 옷 나누기 사업이 되었다. 그때 느낀 것은, 아무리 가난해도 남의 옷을 죽어도 안 입는 사람이 있는가 하면, 부자여도 근검하게 구제 옷을 싸게 사 가서 입는 사람도 있다는 것이었다.

그렇게 혼자 사방팔방 뛰다 보니 물류 전문가가 되었다. 차 안에 의자 밑에서부터 차곡차곡 잘 쌓아야 많이 들어갔다. 물류는 쌓는 것에 따라서 적재량 차이가 많이 난다는 걸 그때 알았다.

내 마음이 너무 괴로워 '일하다 죽자'며 살았는데, 나를 살펴보신 하나님은 해마다 내 상황을 업그레이드해 주셨다. 차츰 일꾼들이 채워지면서 어린이집 밥하는 것이나 차량 기사를 졸업했다. 또 간사에서 부장으로 승진도 했다. 그뿐인가? 대한예수교장로회 강원동노회에서 새로 개설한 성서신학원을 1회 졸업생으로 수료할 수 있는 은혜도 얻게 됐다. 평생 못 배운 한을 풀고자 주경야독으로 한 공부였다. 하나님의 은혜요, 이정규 목사님의 배려였다.

위기가 기회로, 메리퀸으로 성장하다

양모 사업이 마침내 1991년, '기독교광산사회복지회'로 사업자 등록을 했다. 그동안 남의 사업자 등록 아래에서 장사를 했는데, 제대로 사업의 틀을 갖추기 시작한 것이다. 회사가 선교회를 만들어 활동하는 경우는 많지만 선교회가 회사를 설립, 수익금을 선교에 사용하는 것은 매우 이례적이었다.

브랜드명도 공모했다. 제품 이름도 없이 전국적으로 팔려 나간 양모였다. 회의 때 우리 이름이 있으면 좋겠다는 의견이 나왔다. 여러 이름이 응모됐는데, 김태자 집사님의 '메리퀸'(Meriqueen)이 당선되었다. 양 중에서 최고 품질인 메리노 종의 '메리'와 양모 이불 업계에서 여왕이 되라는 의미의 '퀸'을 합친 이름이었다. 힘든 여건 속에서도 양모 사업이 사업자 등록, 브랜드 등록 등을 마치면서 마침내 제자리를 잡아 가기 시작했다.

그런데 호사다마라고 했던가. 고속도로를 달리던 사업에 브레이크가 걸리기 시작했다. 사소한 오해에서 시작된 갈등과 모함, 질투 등이 발목을 잡았다. 사람들 욕심이라는 것이, 가진 것이 적을 땐 서로 아끼고 나누지만 가진 게 많아진 듯 보이면 슬슬 저마다의 욕심이 생기기 시작한다. 인지상정이다.

이런저런 설왕설래가 있었고 억울한 부분도 있었다. 하지만 이제 막 시작한 사업이 주저앉는 건 피하고 싶었다. 결국 기존 스태

프 전원 일괄 사표 제출이라는 결정을 내렸다. 그런데 전원이 사표를 냈는데 내 것만 수리되었다. '아, 이것이 나를 모함한 분이 나만 내보내려고 짠 수법이구나!'라는 걸 그제야 알았다. 너무 억울했지만 나는 별 도리 없이 태백을 떠나는 수밖에 없었다.

경기도 김포에 있는 어느 피아노학원 운전기사로 연명하게 되었다. 배운 것 없고, 가진 것이라곤 그나마 자동차 대형면허가 전부였기 때문이다. 그렇게 3개월쯤 흘렀을 때, 이정규 목사님이 차 사고를 당했다는 소식이 들려왔다. 승합차가 서울 출장길에 언덕에서 굴러 큰 사고를 당했다는 소식을 들고 황지교회 장로님이 김포까지 찾아왔다.

"태백으로 갑시다! 오해와 모함이 풀렸으니 심기일전해서 복지회를 도와주세요."

당장 보따리를 싸서 태백으로 돌아왔다. 날로 기력이 쇠약해지는 목사님을 사심 없이 섬기고자 하는 존경심과 광산 지역을 돕고자 하는 마음뿐이었다. 나는 이전에 담당했던 양모 사업을 다시 맡아 했다.

일은 힘들었지만 노력한 만큼 사업도 안정되었고, 성장만 하면 되겠다 싶었다. 사업에 대한 여러 안을 밤새워 만들어 결재를 올렸다. 그러나 광산지역사회개발복지회에 새로 영입된 총무 목사님이 하지 못하게 했다. '이것도 하지 마라!', '저것도 하지 마라!'였다.

너무 속상했다. "왜 아무것도 못하게 하십니까?" 했더니 "양모 사업 안 했으면 좋겠다"는 답이 돌아왔다. 한술 더 떠 "그 사업을 접고 복지회 부장만 하든지 아니면 사업을 가지고 나가라!"고 했다. 참으로 황당했다. 무엇보다도 지금까지 내 혼을 바쳐 죽도록 일했는데 이제와 없애라니 너무 아까웠다. 그래서 간청했다.

"양모 판 수익금은 전액 교회를 위해 쓸 테니, 이 사업만큼은 하게 해 주십시오. 제 월급은 십만 원만 주셔도 좋으니 이곳에 있게 해 주십시오."

내 간청에도 총무 목사님은 냉정하게 거절했다. 할 수 없이 나는 메리퀸 사업을 가지고 서울로 올라갔다.

사업 규모가 조금씩 커지자 1991년 6월 울마크 회원사로 가입했다. 울마크는 울 제품의 고급 품질을 증명하는 마크로서, 국제적 품질에 합격한 100퍼센트 양모 제품에만 사용되는 품질 증명 등록 상표다. 국내 양모 침구 업체로는 최초였다. 또한 그때부터는 원모를 호주에서 수입, 양모 제품을 개발해 판매하기 시작했다.

1992년에는 서울 기독교회관 한 곳 8평을 빌려서 광산복지선교회 서울사무소를 차렸다. 이정규 목사님의 친척 되는 분을 책임자 소장으로 하고, 나는 양모 사업을 계속 진행했다. 이제 양모 사업은 복지회로부터 독립하여 '메리퀸'이란 브랜드로 독립채산제로 운영되었다. 복지회로부터 한 푼의 지원도 받지 않고 독자적인 운영을 시작한 것이다.

1993년에는 클럽 창립 멤버가 되는 등 이후 양모 사업은 하나님의 은혜와 동역자들의 헌신으로 기틀을 차곡차곡 다져 갔다.

양모는 땀 흡수가 빠르고 통풍이 잘된다는 장점이 있다. 양모의 특징을 활용하여 침구용품으로 개발한 메리퀸은 혼수용품으로 각광받기 시작하면서 판매량이 급속히 늘어나기 시작했다. 이 중에서 교회 여선교회가 선교비 마련을 위해 위탁 판매를 하거나 바자용품으로 사용해 준 것도 회사 성장에 큰 도움이 됐다.

1992년 '메리퀸' 일반 사업자 및 상표 등록을 시작으로 점점 사세가 확장되면서 1995년에는 ㈜메리퀸 법인으로 전환, 대표이사로 취임하게 되었다. 대리점을 모집할 계획도 착착 진행되었다. 이후로 1999년 중소기업청으로부터 수출 지원 대상 업체에 지정되고 까다로운 쉐라톤워커힐호텔에 제품을 납품하는 등 괄목할 만한 성장을 이뤄 냈다.

2부

추운 인생을 따뜻하게
덮어 준 메리퀸

3장

새롭게
깐깐하게
더 가치 있게

새롭고 좋은 것으로 버전 업

양모 이불은 여름에는 시원하고 겨울에는 따뜻하지만 사업을 시작할 당시엔 세탁이 어렵다는 단점이 있었다. 양털을 깎아 솜을 틀고 이불을 만들었는데, 물세탁을 하면 줄어들고 털이 뭉치다 보니 드라이클리닝을 해야 했다. 이러한 단점을 극복할 필요가 있었다. 그래서 생각한 것이 바로 물세탁이 가능한 워셔블(washable) 양모 이불이다.

사실 처음 사업을 시작할 때만 해도 소재 자체도 고가이고 유지 비용도 많이 드니 소비자를 설득하는 과정이 쉽지 않았다. 양모가 없는 나라다 보니 양모에 대한 인식과 정보, 기술이 부족했다. 물세탁을 할 수 있는 무슨 방법이 없을까 고심하던 중에 일본 양모 이불 시장을 견학할 수 있는 계기가 생겼다. 나고야교회 김계호 목사님의 통역과 안내로 일본 울마크 컴퍼니를 구경할 수 있었다. 그때 새로운 사실을 알았다. 일본은 이미 양모 이불 물세탁을 하고 있었다. 일본은 습기가 많은 기후 특성상 우리나라 양모 전체 소비량의 무려 1,800배나 되는 시장이 형성돼 있었고, 물세탁 기술이 개발되어 있었다.

돌아와서 검토를 해 보았다. 양털 솜 튼 것을 직접 물세탁 가공 처리를 하려 보니 비용이 너무 많이 들었다. 수소문해 보니 국내 유명 모직 회사에서 물세탁이 가능하도록 가공한 것이 있었다. 가격은 비쌌지만 그것을 가져다 썼다. 그런데 원모의 품질이 계속 달랐다. 자세히 알아보니 그 회사는 환율에 따라 원모의 품질이 왔다 갔다 했다. 자체 기술 없이 수입해서 판매하는 판매처였기 때문이다.

그럼에도 우리는 원료 중에서 좋은 것으로만 골라서 구입했다. 우리는 원료를 선정할 때부터 될수록 크림프가 많은 것을 선택했다. 크림프(crimp)는 양모의 구불거림을 말하는 것으로, 많을수록 좋다. 크림프가 많아야 최고의 단열재인 공기를 많이 품어 양모 품질이 우수해지는 것이다. 이렇게 프리미엄급 원모를 수입한 후 동물성 천연 섬유의 단점을 보완하는 가공 과정을 거쳐 물세탁이

가능하도록 하는 솜 뭉침 방지 처리를 했다. 마침내 우리는 우리
만의 기술력으로 세탁기 세탁, 워서블 양모 이불로 버전 업을 할
수 있게 되었다.

메리퀸 워서블 양모 이불은 원모 상태에서 풀이나 벌레의 알까
지 모두 살균 제거한 후, 양모가 빠져나오지 못하게 마감하고 특수
가공 처리된 순면 원단으로 외부를 감싸는, 차원이 다른 이불이었
다. 그런데 유일한 단점인 물세탁마저 세탁기를 통한 세탁이 가능
하도록 만들었으니 그 당시로서는 획기적인 양모 이불이 탄생한
것이다. 워서블 양모 이불 개발은 메리퀸이 양모 이불의 대중화를
선도해 나가며 시장 확대를 도모할 수 있는 중요한 계기가 되었다.

더 깐깐한 개발

'울'은 일반적으로 동물의 털을 모두 지칭하지만, 통상적으로는 '양
모'와 동의어다. 울 패드는 양털을 패드 형태로 만든 것을 말하는
데, 양털을 순면 등 원단으로 감싸지 않고 외부로 노출한 후 빠지
지 않도록 가공한 것을 말한다. 울 패드는 실을 뽑아서 파일(pile)
형식으로 심은 것으로서, 개발할 때 많은 어려움이 있었다. 털이
빠지지 않도록 해야 하는데, 고무를 칠해 보니 냄새도 심하고 무
거웠다. 바짝 태우기도 해 보았다. 그랬더니 색깔이 뽀얗지 않고

거무튀튀해졌다. 우여곡절 끝에 털이 빠지지 않는 제품 개발에 성공했으나 많은 시간과 노력이 소요되었다.

울 패드의 개발에도 시간이 걸렸지만 판매에 이르기까지 여러 일이 많았다. 물건이 괜찮고 잘 팔릴 만하자 어떤 사람이 중국 지역 총판을 자기에게 달라고 했다. 내가 아직 때가 아니라고 거절하자 그 사람이 말했다.

"회사가 벌써 20년이 넘었으면서 여태껏 이만한 규모밖에 안 되는 주제에 뭘 그리 깐깐하게 굽니까?"

그 말을 듣고 보니 은근히 기분이 나빴다. 그동안의 노력이 무시당한 것 같아 욱하고 치밀어 올랐다.

"뭐요? 20년이 넘는 시간 동안 나는 개발했어요. 그게 그렇게 쉬워 보이면 직접 하지 왜 나더러 총판을 달라고 합니까?"

나는 서운함과 분함이 뒤섞여 속사포처럼 야단을 쳐 댔다.

"어떤 사람들은 단 몇 년 만에도 수천 억씩 벌어들이는지는 몰라도, 나는 요령 같은 거 모르는 사람이에요. 하나님 도움으로 이나마 이만큼 하고 있는 거예요. 그런 당신은 무슨 이유로 나에게 훈계합니까? 당신에게 총판 맡길 일은 없을 겁니다!"

이런 일도 있었다. 울 패드를 개발한 후 백화점 납품을 앞두고 제품 나오기를 기다리고 있었다. 그런데 공장은 천하태평이었다. "왜 생산을 안 합니까?" 하고 독촉하면 이런저런 핑계를 둘러댔다. 무슨 일인가 알아보니 글쎄 공장 쪽에서 몰래 백화점으로 납품하려다 실패했던 것이다. 그것도 내가 말한 원료가 아니라 더 값싼 다른 원료를 수입해 그것으로 물건을 만들었는데 통관 절차가 늦어져 납기일을 넘기게 되었고, 그렇게 백화점과 거래가 불발되면서 재고를 왕창 떠안은 상황에서 나한테 들통이 나고 말았다. 신의가 없는 그 사람과 당장 거래를 끊고 다른 데를 찾았는데, 다행히도 더 좋은 거래선을 찾을 수 있었다. 새로 찾은 제조업체는 기술도 더 뛰어나 털이 거의 빠지지 않게 되어 더 좋았다.

그렇게 개발된 '메리노 울 패드'는 국내 최초 특허(특허0286481호) 획득을 받았고 신지식인상에 이어 한국 섬유대상까지 수상했다. 호주, 일본 등지에도 세계 베스트 울 제품으로 선정되어 초청을 받고 제품 전시를 하기도 했다.

IMF 경제 위기 속 하나님의 은혜

양모의 원료는 전량 수입을 해서 써야 하는데 경제 위기 불안으로 환율이 자꾸 올라 하루하루가 괴로웠다. 원료 값을 치러야 하는데 자고 나면 환율이 치솟으니 미칠 것 같았다. 그러다 IMF가 터져버렸다. 아무도 이불을 사지 않았다.

그러던 중 어떤 회사에 물건을 납품했다. 이 어려움 가운데 얼마나 다행인가 생각하며 얼른 납품 계약을 하고 사천만 원짜리 어음으로 받았다. 그런데 물건을 납품하고 보니 기분이 어째 찜찜했다. 회사 주소로 납품하라는 게 아니라 어느 지역 컨테이너로 납품하라는 것이었다.

납품 며칠 후 불안한 마음에 다시 찾아가 보았다. 물건은 몽땅 다 사라지고 컨테이너는 텅 비어 있었다. 사기꾼에게 걸린 것이다. 회사를 찾아가 봤더니 내가 만났던 사람은 그곳에 한 명도 없었다. 그 회사를 상대로 납품했는데, 오히려 직원이 우리도 그들에게 당했다면서 발뺌을 했다. 그러면서 나더러 "사장님도 당하셨네" 했다.

사천만 원짜리 수표는 부도 어음이었다. '부도 수표 만기가 다가오면 난 죽겠구나' 싶은 절망감이 몰려왔다. 하루하루가 지나면서 낭떠러지가 눈에 선하게 다가오기 시작했다. 너무도 절박한 마음에 하나님께 서원 기도를 드렸다.

"하나님, 이번에 살려 주시면 수익의 10퍼센트를 광산촌을 위해서 쓰겠습니다."

기도한다고 해서 곧바로 어떤 대책이 생기는 것이 아니라는 걸 알았다.

그러던 어느 날, KBS에서 "중소기업을 살립시다"라는 방송 예고편을 우연히 보았다. 남은 재고나 팔아 치웠으면 좋겠다는 생각으로 방송국에 전화를 했다. 이전에 '중소기업 우수 상품전' 같은 데 출연한 적이 있으므로 안 된다는 답이 왔다. 예전에 '물세탁이 가능한 양모 이불이 있다!'는 테마로 몇 번 출연한 적이 있었다. 딱해 보였는지 담당자가 "KBS에서 하지 않고 중소기업유통센터로 직접 알아보시겠어요?"라고 알려 줬다. 알아보니 그곳 역시 해당이 안 된다고 말했다. "그렇다면 카탈로그나 좀 보내 볼 테니까 상황이 되면 좀 도와주십시오" 하고는 카탈로그를 보냈다. "받은 어음이 부도나서 너무 어려워 그러니 억지로는 하지 마시고 상황이 되면 좀 도와주십시오"라는 메모를 써서 붙여 보냈다.

5일 후에 연락이 왔다. 방송에 출연하라는 것이다. L홈쇼핑에서 주문 전화를 받아 준다고 했다. 그때 재고 물량이 100개가 있었는데 '그거나 팔아 치우고 장사를 접어야겠다' 생각하고 미팅을 갔더니 L홈쇼핑 담당자가 말했다.

"우리는 배송은 안 합니다. 그건 사장님이 직접 하세요. 우린 전화만 받아 줄 거예요. 그런데 물건이 너무 적어요. 이거 최소한 500개 이상은 팔립니다."

"500개는 무슨, 100개밖에 없는데요!"

"하여튼 우리는 책임 못 져요. 주문 전화만 받아 줄 테니 알아서 납품하세요. 판매 대금은 소비자에게 배송 끝나면 드립니다."

여의도 중소기업유통센터의 돔처럼 생긴 장소에 홈쇼핑에 나온 몇 개 아이템이 있었다. 기억을 더듬어 보니 우리 제품 판매용 멘트는 이러했다.

"다섯 번째 아이템입니다. 양모 이불입니다! 여름에는 시원하고 겨울에는 따뜻합니다! 26만 원짜리를 10만 원에 팝니다! 파일 패드는 32만 원짜리를 10만 원에 팝니다!"

그러곤 바로 다음 상품으로 넘어갔다. 세상에, 방송 10분 만에 물건 100개가 동이 났다. 모여드는 손님에 치여 죽을 지경이었다. 방송 10분 만에 물건이 동나고 없으니 샘플 놓고 영수증만 끊어 주고 돈을 받았다. 나중에는 영수증을 끊어 줄 종이도 없었다. 그 냥 전화번호, 상품명, 수량, 주소, 받은 돈 얼마만 적고는 손님을 보냈다.

아침 열 시부터 오후 여섯 시까지 물 한 모금 못 마시고 계속 돈만 받았다. 돈도 줄 서서 차례차례 내는 것이 아니라 이 사람 저 사람 막 주는 것이다. 나중에 어떤 분에게서 전화가 왔다.

"힘없는 사람은 비집고 들어가질 못해서 뒤에 서 있다가 돈도 못 내고 그대로 집으로 돌아왔어요."

저녁이 되어 판매를 끝내고 나니 이불 넣는 큰 비닐 가방에 현금이 가득했다. 식당에 가서 밥 먹고 다 헤어진 뒤 집에 돌아와 밤새도록 돈을 셌다. 나중에는 돈을 묶을 고무줄이 없어서 실로 묶었는데 007가방 두 개가 나왔다. 그 돈을 들고 은행에 가니 직원들이 나를 의심스런 눈초리로 보았다.

"이 돈 어디서 났어요? 웬 돈이 이렇게 많이 들어와요?"

은행 직원들은 여기저기 나누어 내 돈을 세느라 정신없이 분주했다. "93장밖에 없어요", "97장밖에 없네요" 하는 등 100장씩 묶어 놓은 뭉치에 착오가 난다면서 여기저기서 난리들을 쳤다. 전날 너무 정신없어 잘못 센 모양이다. 그럴 때마다 난 빈 금액을 여기저기 채워 넣으며 덩달아 정신이 없었다. 하지만 하나도 힘들지 않았다.

방송을 통해 첫 회엔 1억 8천만 원, 2회 차에는 1억 5천만 원, 3회 차에는 2억 원, 4회 차엔 1억 2천만 원의 매출을 올리는 기적이 일어났다. 현찰이 생기자 그 돈으로 원료와 원단을 사 왔다. 계속 생산하고 포장하고 매일같이 택배를 보냈다. 양모 이불 배송이 늦어진 곳은 미안하니까 양 인형도 하나씩 넣어서 보냈다. 구매하신 분이 물건이 너무 좋다면서, "다섯 개만 더요", "열 개만 더 주면 안 돼요?" 했다. 그래서 방송 후에 더 팔렸다.

벼랑 끝에 서서 아무것도 없었는데 삽시간에 모든 것이 회복되었다. 하나님 은혜가 아니고는 이것을 어떻게 설명할 수 있겠는가. 낭떠러지는 결국 내 마음의 낭떠러지였을 뿐 낭떠러지가 아니었다.

믿음이 배신으로

메리퀸은 기독교회관 4층 임시 매장에서 IMF 위기를 겪은 뒤, 동대문종합시장 맞은편에 양모 침구 전문점 "울 하우스" 오픈을 앞두고 있었다. 양모 제품의 소비자 확대 추세에 맞추어 생산과 판매 영업망 확대에 대한 전문적인 마케팅 인력이 필요했다.

그 무렵 동종 업계인 A사 사장님을 통해 이씨를 알게 됐다. 나는 그에게 인력 소개를 부탁했다.

"A사를 그만둔 사람 중에 괜찮은 사람 있으면 소개 좀 시켜 줘요. 사람이 필요해요."

하루는 이씨가 만나자는 연락을 해 왔다. 만나서 밥을 먹는데 이씨가 이런 말을 하는 것이다.

"제가 호 사장님을 보고 악을 악으로 갚으려고 했던 마음을 바꿨습니다. 악을 선으로 갚아야겠다고 마음을 먹었습니다."

"그게 무슨 말입니까? 잘 이해가 안 되네요."

"제가 A사를 그만두려고요. 오라고 하는 데가 많은데, 저는 메리퀸으로 가고 싶습니다."

깜짝 놀랐다. 나는 그저 소개만 받을 생각이었는데, 생각도 못한 전개였다. 거기다가 그동안 친분이 있던 A사 사장님이 마음에 걸렸다.

"괜찮긴 한데, 그러면 A사 사장님을 배신하는 꼴이 되잖아요?"

"아닙니다. 그 사람 아주 나쁜 놈입니다. A사에 지금까지 근무한 건 그 회사를 폭파하려고 한 겁니다. 그런데 호 사장님을 만나마음을 바꿔 먹었어요. 그러니 전혀 걱정하지 않아도 됩니다."

이씨의 말을 들으니 오히려 이씨 말대로 하는 게 A사 사장님을 살리는 일이 될 것 같았다. 그렇다면 문제가 다르지 않겠나 생각했다. 그래도 A사 사장님 모르게 할 일은 아닌 것 같아서 약속을 잡고 만나 이야기를 나눴다. A사 사장님은 그리 긍정적으로 말하지 않았지만, 그런 건 다 괜찮다는 생각이 들었다. 결국 나는 모두에게 좋은 결정을 하기로 하고 이씨를 우리 회사로 입사시켰다.

그 무렵 회사에는 내 막냇동생이 함께 근무하고 있었다. 그런데 어찌 된 일인지 동생이 "그 사람 나쁜 사람이야"라는 말을 자꾸 하는 것이었다. 큰동생은 달랐다. 한 번 소개해 주었는데 괜찮은 사람 같다고 했다. 그래도 막냇동생은 계속해서 그에 관해 안 좋은 소리를 했다. 나는 아무리 동생이라도 잘못된 판단으로 멀쩡한 사람을 자꾸 험담하면 잘라야겠다고 생각했다.

내가 그렇게까지 생각하게 된 계기가 있었다. 사실 나는 속으로 '하나님께 거저 받은 이 업체, 이 사업, 누구라도 더 잘 운영하는 사람이 있으면 주고 나는 떠나야 한다. 나는 이것을 잘 운영할 수 없는 그릇이다. 더 잘 운영하는 사람이 맡아 더 많은 사람이 혜택을 보면 좋겠다'고 생각했다. 그리고 그 적임자가 이씨라고 생각했다. 한번은 이씨에게 "아예 대표이사를 맡아서 하세요"라고 말한 적이 있다. 그때 이씨가 그랬다.

"창업자가 있는데 대표이사는 좀 그렇습니다. 그냥 상무 직함을 주면 좋겠습니다. 만약에 정 뭐하시면 차차 넘겨주셔도 됩니다."

나는 이씨를 참 겸손하게 보았다. 결국 이씨에게 전권을 부여

했다.

그런데 이상하게도 이 사람이 오고부터는 홈쇼핑 관련 일들이 잘 진행되지 않고 삐걱댔다. 원단 결제를 비롯한 자금 운용도 매끄럽지 못했다. 원단 값을 치르고 나면 원모 값 치를 돈이 없게 되는 상황이 이어졌다. 내가 괜찮으냐 물으면 이씨는 "괜찮습니다. 얼마든지 팔 수 있습니다. 걱정 마십시오!" 하고 자신만만하게 말했다. 그러니 그를 믿고 그대로 원단 매입을 승인했다. 게다가 공장도 자기가 원하는 곳으로 바꾼다기에 허락했다.

그러나 그때부터 장사가 안되었다. 매출이 하나도 없었다. 이씨도 부인이 가져간 것 외에는 이불 한 채 판 것이 없었다. 그러던 중 원료 대금을 입금해야 하는 날이 다가왔다. 마음이 답답해지기 시작했다. 설상가상으로 어머니가 많이 아프셨다. 이렇게 되니까 '기도를 해야 되겠다'는 생각이 들었다. 기도원으로 가면서 이씨한테 말했다.

"남한테 돈도 빌리지 말고, 꾸지도 말고, 물건 팔아서 막아요. 나는 기도원으로 갑니다."

금식하면서 하나님께 간절히 기도했다. 이틀째 되던 날 이씨가 기도원으로 전화를 했다.

"사장님, 괜히 시간만 낭비하지 마세요. 금식기도 많이 해 쓰러져서 나더러 사장님 실으러 오라고 하지 말고 그만 나오세요."

그러던 중에 어머니가 아파서 병원 응급실로 실려 갔다는 소식도 들었다. 그래도 나는 꼼짝 않았다.

"사람 죽고 사는 것도 하나님께 달렸는데, 그것도 다 하나님이 알아서 하세요."

다음 날 새벽기도를 하는데 하나님이 "선으로 악을 이기라"(롬 12:21)라는 말씀을 주셨다. 그동안 집에도 가고 싶지 않고 회사도 가고 싶지 않더니 오늘은 회사를 가야겠다는 생각이 들었다. 집에도 안 들르고 곧장 회사로 갔다. 이씨가 있기에 나는 성경책을 펴 보이며 하나님이 로마서 말씀을 주셨다고, 조금은 흥분 섞인 목소리로 말해 주었다.

그러자 이씨가 성경책을 툭툭 치면서 "흠, 좋네요" 하는 것이다. 그 태도와 반응에 나는 적이 놀랐다. '어? 이 사람 이거 가짜야?' 하는 생각이 들면서 갑자기 정신이 확 차려졌다. 나는 지금의 자금 상황에 대해서 다시 물어봤다.

"어떻게 해결하기로 했어요?"

"걱정하지 마십시오."

그때 막아야 할 돈은 3천만 원이었다. 그 큰돈을 무슨 수로 막 겠다는 건지 이해가 안 됐다. 이씨는 "내 집 보증금으로 막을 겁니다"라고 했다. 그는 메리큰에 들어올 때 집 얻을 돈이 없다고 해서 다른 사람한테 5백만 원, 우리 어머니한테 5백만 원을 빌려 월세로 살고 있었다. 나는 화가 머리끝까지 나 소리쳤다.

"내가 지금까지 해 온 것 하나님의 영광을 위해서 다 드릴 수도 있고 다 배설물로 버릴 수도 있어요. 그렇지만 당신 같은 사람에게 바짓가랑이 잡고 살려 달라고 할 생각 없어요! 원단 잔뜩 있고 재고 많고 물건은 안 팔리고 있어요! 당신은 3개월 동안 이불 한 장도 못 팔았지요? 월급 받을 자격 없으니 해고예요!"

이씨가 회사를 나가고 난 다음 날, L홈쇼핑 방송을 했는데 기적적으로 왕창 팔렸다. 여태까지 방송해서 하나도 안 팔리던 것이 왜 그때부터 그렇게 팔렸는지 놀랄 일이었다. 계속 생산하고, 포장해서 납품하고, 정신이 없었다. 방송마다 3천 장씩 팔았다. 한 달 만에 돈 문제를 다 해결했다.

나는 이것이 하나님의 일이라고 생각했다. 이씨는 나갈 때 양모 자료, 자금 일보를 다 가져갔다. 나가서는 다른 사람들에게 소문을 내고 다녔다. "메리퀸 곧 망한다!"고. 그 말을 들은 사람들은 다들 그런 줄 알고 있었다. "그래, 여자가 혼자 버르적거리고 돌아다니더니 그렇게 망하는구나"라고 다들 수군거렸다. 그런데 일주일이 되어도 메리퀸이 여전히 건재하자 그제야 사람들이 이씨에 대하여 의심을 했다.

"이씨는 문 닫는 회사도 살리는 놈이라더니 어떻게 멀쩡히 운영하던 회사가 망해?"

"그 사람이 잘못된 거지."

동종 업계 사장들이 이씨를 스카우트하려던 것을 다 포기했다. 그러고 나니 그는 갈 데가 없어졌다.

부족함을 은혜로 채우다

큰동생이 이씨 소식을 듣고 너무 답답하여 올라왔다. 대체 누나는 그렇게 열심히 사업하는데 왜 그렇게 힘든지 갑갑했던 것 같다. 그러다가 나중에는 안 되겠다 싶었는지 자기가 우리 회사로 들어왔다. 호 이사가 된 것이다. 회사 상황을 조금 둘러보더니 호 이사가 그런다.

"어떻게 오는 사람마다 다 이렇게 엉망으로 하고 나가나?"

사실 그동안 직원을 채용하면 3개월 만에 "사장님, 선의의 경쟁 한번 해 봅시다" 하면서 양모 회사를 차려 나가곤 했다. 몇 번인지도 기억나지 않을 정도다. 그렇게 메리퀸에서 파생된 회사가 울마크를 획득한 곳만 무려 열다섯 개나 된다. 울마크 미등록 업체까지 따지면 그보다 더 많다. 처음엔 메리퀸과 거래를 하다가, 품질 증명 테스트에 합격해 울마크를 따 놓고는 딴짓을 한다. 모두들 처음에는 잘나갔다. 하지만 줄줄이 망했고 결국 메리퀸만 남았다. 직원이 양모 회사를 차려 나간 경우도 많지만 거래 업체들도 양모 회사를 차렸다. 양모가 훌륭한 천연 소재며 이불로서는 신소재이며 새로운 시장이라는 것을 알고, 다들 되겠다 싶었던 것이다.

거래처를 통해서도 많은 어려움을 겪었다. 원료 솜을 수입해서 솜틀 공장에 맡겼는데 한 달 후에 정산해 보면 500킬로그램씩 비는 것이었다. 처음에는 정산을 꼼꼼하게 하지 않았는데 나중엔 안 되겠다 싶어 정확하게 따져 봤다.

"이건 손실이 너무 많은 것 같습니다. 이불에 2킬로그램씩만 넣어도 250장인데 너무 많이 빕니다."

그랬더니 펄쩍 뛰면서 자기네는 안 팔아먹었다고 잡아떼는 것이다. 처음이기도 하고, 이제는 안 그러겠지 싶어 그냥 넘어갔다. 그런데 다음 달에도 상황은 달라지지 않았다. 도저히 안 되겠기에 원료가 비는 만큼 원가로 쳐서 돌려받기로 했다. 약속한 날 독하게 마음먹고 솜 공장으로 찾아갔다. 하필 공장에서 오라고 한 시간이 밤이기도 했고, 시골 공장이라 으슥하고 무서웠다. 갔더니 공장 사장님은 3개월 가게 수표로 주면서 "에이, 기분 나빠서 일 같이 못하겠네" 하며 오히려 더 구시렁거렸다. 이렇게 해서 거래처를 옮긴 경우도 꽤 있다.

한번은 우리 원단이 동대문 시장에서 팔리고 있다는 것을 알게됐다. 거래처 공장에서 우리 원단을 몰래 뒤로 빼돌려 동대문 시장에 팔아먹었던 것이다. 모르고 있었는데 퀼트를 하는 사람이 와서 알려 주었다.

"자투리 원단 사러 동대문 갔는데 메리퀸 로고 찍힌 원단이 동대문 시장에 있어요."

가 보니 진짜 우리 원단이었다. 세상에 믿을 놈이 하나도 없었다. 그런데 참 희한한 것은 꼭 도둑놈들이 오히려 나를 욕하는 것이었다. 거래처의 어떤 사장이 찾아와서 말했다.

"호 사장님, 소문이 영 안 좋아요. 딴 사람이 사장님 흉을 많이 보더라고요. 내가 몇 년을 거래해 봐도 아무 이상 없었는데, 호 사장이 나쁘다고 그래요. 남의 말을 믿을 수는 없는데, 그런데 내가 봐서는 안 나쁜데."

그래서 누가 욕하는가 알아보았더니 놀랍게도 모두 내 원단, 내 원료를 훔쳐서 팔아먹은 사람들이었다. 그런 줄도 모르고 그동안 적은 물량도 마다 않고 생산해 준 것이 고맙다고 명절마다 과일 박스를 갖다주곤 했으니 내가 이만저만 바보짓을 한 게 아니었다. 이렇게 나는 당시 여러모로 부족했다. 원단 소요량도 계산할 줄 모르니 공장에 다 맡겨 버렸고, 얼마큼 썼는지도 모르니 얼마가 새고 있는지도 몰랐다. 게다가 나는 직원 관리 능력도 부족했다. 이래저래 배신당했던 것도 지나고 보니 다 내 능력 부족에서 온 것이라 생각한다.

오직 정직

어느 날, L홈쇼핑에서 거래하자는 제의가 들어왔다. 거절할 이유가 없기에 승낙했다. 맨 처음에는 오백 개를 팔고, 그다음은 천 개, 나중에는 30분에 삼천 개를 팔았다. 너무 잘 팔렸다. 메리퀸 양모 이불이 L홈쇼핑 히트 상품으로 완전히 자리 잡았다.

문제가 하나 있었는데 원단 생산이었다. 당시 원단 회사는 발주가 들어가면 자기들 편한 대로 내주고 싶을 때 물건을 내주었다. 물량이 큰 대기업이다 보니 우리 메리퀸처럼 소규모 사업장 물량은 만들어 주기만 해도 감지덕지인 지경이었다. 그렇지만 홈쇼핑은 방송하고 5일 이내에 납품해야 했다. 이 시스템의 어려움을 간파한 호 이사가 전략을 세웠다. 원단을 100만 야드씩 선발주를 한 것이다. 보통은 최하 1,000-1,500야드를 주문하는데, 100만 야드를 주문하니까 어느 누구도 만만히 보지 않았다.

　우리의 작전은 통했다. 원단 회사는 기꺼이 수주했고, 우리는 방송 끝나면 입금시키고 출고하는 방식으로 주문량을 거뜬히 소화했다. 원단 회사도 메리퀸 덕분에 방송을 타면서 좋은 원단으로 광고가 되었다. 우리 제품 판매 방송에서 'A사 방직 울 프루프 가공 원단' 광고를 많이 해 줬다. 소비자에게 입소문이 나니까 'A사 방직 원단은 알아주는 원단'이 되었다.

　판매는 계속 잘되어 L홈쇼핑에서 메리퀸 양모 이불은 가장 반품이 적고 고객만족도가 높은 아이템으로 인정받게 되었다. 양모 원료도 더욱 대량으로 들여왔다. 다른 업체는 1년에 컨테이너 한 개 정도였는데 우리는 한 달에 두 컨테이너를 들여왔다. 이렇게 홈쇼핑 대량 판매를 하면서 구매 경쟁력을 갖추게 되었고 그것으로 대리점에는 싼 가격으로 물건을 공급할 수 있는 기틀도 마련하게 되었다.

홈쇼핑 업계에서 양모 이불을 파는 신규 채널이 늘어났고, 경쟁 업체들이 품질 낮은 양모 이불 제품을 싸게 내거는 일들이 생겼다. 심지어 양모가 하나도 들어가지 않은 제품을 양모 이불이라고 하면서 팔았다. 그렇다고 우리까지 품질을 떨어뜨릴 수는 없었다. 가격을 내리자니 오히려 손해가 나는 상황이 생겼다. 나는 품질도, 가격도 조정할 수 없다고 버텼다. 이게 내가 이정규 목사님께 배운 정직이었다. 결국 치열한 가격 경쟁 속에서 우리는 그만 빠지기로 했다.

우리가 홈쇼핑에서 빠질 무렵, 9시 뉴스에서 "홈쇼핑의 양모 이불은 모두 가짜다"라는 뉴스가 터졌다. 방송이 나가자 단속반에서 쫙 뜨더니 쥐 잡듯이 무섭게 검열을 하기 시작했다. 이불 속을 뜯어서 솜을 태워 보고 분석하고 난리가 났다. 그때 홈쇼핑에서 경쟁했던 다른 업체 대표와 관계자들은 모두 법적 처벌을 받았다. 우리는 100퍼센트 양모이기에 아무 이상이 없어서 무사했다.

선한 청지기로! 전국 대리점 우여곡절

홈쇼핑에서 완전히 발을 뺐다. 이불 하나 들고서 전국에 시장조사를 나갔다. 이것이 나중에 대리점을 하게 된 계기다.

전주, 광주, 대구 등 전국을 순회하면서 일일이 이불 판매점을 방문했다. "양모 이불 시장조사 나왔습니다" 하면서 설문조사하고, "양모 이불 전문 브랜드 메리퀸에서 왔습니다. 우리 제품 보시겠습니까?" 하면서 우리 물건에 대해 설명했다. 물건을 볼 줄 아는 노련한 '이불 장사꾼'들은 우리 물건 품질이 우수하고 값은 그에 비해 싸다는 것을 단번에 알아봤다.

메리퀸 본사 사장이라고 하면 다들 처음에는 의심의 눈초리를 보냈다. 내 행색이 본사 사장처럼 보이지 않았는지, 어떤 사람은 회사에 전화를 해서, "이러이러한 아줌마가 메리퀸 사장이라고 하면서 다녀갔는데 그런 사람 있습니까?" 하고 묻기도 했다. 그러면 본사 직원이, "맞습니다. 우리 사장님이 지금 시장조사차 전국 순회 중입니다"라고 대답해 주는 해프닝이 벌어지기도 했다.

나는 대리점을 계약할 때 담보 설정 원칙을 고수했다. 제아무리 건물이 많고 부자라도 담보 설정을 하지 않으면 타협의 여지가 없었다. 어떤 사람은 마진이 적다고 화를 냈다. 이렇게 대리점을 계약할 때 사람들이 부정적으로 반응하는 것이 처음에는 가장 큰 어려움이었다. 그러나 누구는 담보 설정을 하는데 누구는 안할 수 없었다. 누구에게나 공정하게 해야 한다는 게 내 철칙이었다. 거기다 나에게 메리퀸과 양모 이불은 하나님이 주신 선물과 같은 것이다. 나는 청지기일 뿐이니 잘 지켜야 한다. 청지기 노릇을 잘못했다가는 하나님께 죄가 된다고 생각했다.

내가 강하게 담보 설정을 주장하면 대부분 대리점주들은 어렵지 않게 해 주었다. 끝까지 담보 설정을 안 해 주려고 버티던 사람들도 많았다. 그래도 내가 고집을 부리면 곧바로 은행으로 가서 10분도 안 걸려 예금 담보를 마치곤 했다. 참으로 야속한 사람들이라는 생각도 들었다. '내가 좋은 물건을 만들어 주면서 이렇게 힘들게 장사를 해야 하나' 하는 생각이 들었지만 하나님의 일을 대신한다는 생각으로 참고 넘겼다.

대리점을 다니다 보면 많은 사람을 만나게 되고 힘든 점도 많지만 배울 점도 많았다. J대리점의 점주는 그 지역에서는 '내가 1등'이라는 자부심이 강했다. 그분의 강점을 살펴보면 '빠른 것'이다. 동작이 어찌나 민첩한지 그분을 통하여 '빨리 하는 것도 능력'이라는 것을 배웠다. 생각보다는 행동에 초점을 맞추는 인생이었기에 이룬 것이 많았다.

그런데 단점이 하나 있으니, 본인의 능력이 탁월하여 구하는 사람마다 눈에 차지 않는 것이다. 매장에 사람을 못 키운다. 자꾸 스트레스를 주어서 사람이 붙어 있지를 못한다. 가끔 매출이 부진하면 화를 조절하지 못하고 부정적인 언어를 쓴다. 그분을 보면서 내 고집과 판단을 내려놓고 사람을 키워야 한다는 것을 실감했다.

전국의 대리점 유통망을 점차 넓혀 가고 있을 때, 국내 내로라 하는 큰 백화점들로부터 입점 제의를 받았다. 그러나 모두 거절했다. 어느 백화점 관계자가 물었다.

"백화점 유통을 거절하고 메리퀸이 살아남을 것 같습니까? 매장이 몇 개요?"

"내 매장은 40개요. 나는 하나님이 두렵지, 사람이 두렵지 않습니다."

사람이 더 귀한 회사

사업 초기에는 투자 자금이 없어서 힘들었다. 제품 개발과 시장 개척에 대한 열망은 가득했지만 늘 돈이 없어서 어려웠다. 그때그때 제품을 팔아서 원모 값 주고 원단 값 주기 바빴다. 그런데 하나님은 웬일인지 메리퀸을 차근차근 성장시키셨다.

IMF 위기에서 벗어나 열망하던 직영 로드숍 "울 하우스"를 동대문종합시장 길 건너편 종로 6가에 오픈했다. "울 하우스"는 울에 대한 모든 것을 구비한 양모 침구 전문점을 표방했다. 어르신들을 위한 실버 침구, 혼수, 일반 이불, 양말, 모포 등 울 관련 제품을 총망라해 전시했다. 소비자들의 건강에 대한 관심 증가와 좀 더 쾌적하고 과학적인 침구를 요구하는 추세에 맞춰 울 침구를 메인 상품으로 취급하는 전문점을 마련하게 된 것이다.

회사가 커 감에 따라 사무실 이전을 하게 되었다. 처음에는 경기도 마석 부근에 사무실용 건물을 지을 계획이었다. 그런데 건축 허가를 다 받아 놓고는 자금 사정 탓에 짓지 못했다. 나중을 기약

하고 땅을 팔고 공장에 사무실을 꾸렸다. 그런데 아무래도 공장이 외진 곳에 있다 보니 직원 구하기가 녹록지 않았다. 한번은 어렵게 직원을 구했는데 아버지가 돌아가셨다면서 출근하지 않았다. 장례식장이 어딘지 물어 조문을 가 보았는데 거짓말이었다. 그 밖에도 신용불량자, 거짓말을 밥 먹듯 하는 사람들도 찾아왔다.

제대로 된 사람 구하기가 힘들겠다는 생각에 다시 이사를 결심했다. 그때 노모를 모시고 전세를 살고 있었는데, 마땅한 곳에 이사할 집도 함께 알아봐야 했다. 거래처 사람 가운데 내 사정을 아는 분이 "노인 모시고 어딜 전세 전전합니까?" 하더니 호평의 집을 사라고 소개해 주었다. 내가 돈이 부족해 못 산다고 했더니 "메리퀸 사장이 이것 못 갚을 정도면 끝난 거지 뭐" 하면서 오천만 원을 차용증도 없이 현찰로 빌려주었다. '이 사람이 날 뭘 믿고 이런 걸 빌려주나' 싶으면서도 고마울 뿐이었다. 한편 여기저기 적금 깨고 대출 받고 보니 빌린 돈만큼보다 더 채워졌다. 그 돈 오천만 원은 쓰지 않고 고이 가지고 있다가 보름 만에 그대로 갚았다.

집을 먼저 구입하고, 이사할 회사 건물을 찾던 중 마침 집 근처에 200평 상가 월세가 나왔기에 구두로 먼저 계약을 했다. 건물은 비어 있었다. 한 달 후 계약하러 갔더니, 관리소에서 "죄송합니다. 건물주 회장님이 갑자기 세를 놓지 말라고 하셨거든요"라고 했다. 그런 법이 어디에 있느냐고 따져 봐도 먹히질 않아 할 수 없이 집으로 돌아왔다. 도대체 무슨 경우인가 화도 났지만 빨리 사무실 건물을 구해야 하기에 속이 탔다.

다음 날 자고 일어나니까 이상하게 속이 편안했다. 기도를 했다.

"주님, 세를 얻어야 하는데 세 얻을 곳을 구해 주십시오."

출근하는 길에, 눈에 번쩍 띄는 것이 있었다. 어느 건물에 붙인 "임대"라는 글자가 눈에 쏙 들어왔다. 2, 3층 400평 다 비어 있고 싸게 준다고 했다. 수소문해 보니 건물 주인이 주변에 인심을 잃어서 세가 나가지 않고 있었다. "임대"라고 써 붙인 지 꽤 됐다는데 그동안 출퇴근하면서 한 번도 보지 못했던 게 희한했다. 찾아가서 2층을 계약했다. 그런데 이 또한 웬일인지 계약 일주일 만에 비워 달라는 것이다. 병원이 들어온다는 것이다. 그러면서 3층을 쓰라고 했다. 어쨌든 우여곡절이 있었지만 마침내 사무실을 얻었다. 막상 3층으로 들어가 보니 내부가 매우 커서 만족스러웠다. 재밌게도 처음에 얻으려다 거절을 당한 집은 나중에 물류창고로 사용하게 되었다.

몇 년 후, 회사 규모가 점점 커지면서 사무실을 더 넓혀 이사해야 하는 상황이 되었다. 그런데 남양주는 상수원보호구역이라 큰 건물이 없었다. 직원들과 회의를 했다.

"땅을 사서 건물을 지으려면 20억 원이 듭니다. 임대는 돈이 덜 듭니다. 임대는 내 재산은 안 되지만 이자 부담은 적습니다. 땅을 사서 건물을 지으면 내 재산은 되지만 비용 부담은 더 큽니다. 그 대신 이사를 안 다녀도 되고 우리 목적에 맞게 지을 수 있으니 일하기는 쉽습니다."

회의 결과 과반수 이상이 "건물을 지어서 이사를 갑시다. 우리
가 더 열심히 해서, 우리가 그만큼 매출을 뽑아 내면 되잖아요"라
는 의견을 냈다. 시흥, 의왕, 부천, 수원 이쪽으로 가면 건물도 큰
게 많고 경매를 이용하면 땅을 싸게 살 수 있었다. 그러나 직원들
이 주말부부를 하게 되든지, 그만두든지 해야 할 정도로 출퇴근이
쉽지 않겠다는 판단이 나왔다. 그러자 호 이사가 말했다.

"직원들 지금껏 함께 고생했는데 버리겠습니까? 우리는 사람이
귀합니다. 한 번 맺은 인연 끝까지 가야지요."

결국 남양주시 진건읍 송능리에 땅을 천 평 구입했다. 그리고
마침내 2010년 12월에, 맞춤실(봉제), 물류 및 사무실을 갖춘 3층
짜리 건물 450평을 신축하여 이전을 했다. 번듯한 사무실이 없을
땐 제대로 된 사람을 못 구해서 고생했는데 이젠 회사가 맘에 든
다면서 좋은 사람들이 지원을 해 왔다. 뿌듯한 마음에 회사 가는
일이 매일 즐거웠다.

4장_

더불어
포근한 삶을 꿈꾸다

함께 유익한 경영

하루는 T대리점에 갔더니 대리점주가 푸념이다.

"매장 인테리어를 바꾸고 싶어도 건물 주인이 못 건들게 해요."

둘이서 어떡할까 고민하고 있는데 어떤 사람이 지나가다가 말한다.

"저거 시트지 바르면 돼."

몰랐던 걸 깨달은 듯 우리는 "아!" 하고 무릎을 쳤다. 그러나 사람을 부르려니 비싸고, 직접 하자니 엄두가 안 났다. 대리점주가 주변에 하소연했더니 이 사람, 저 사람이 도와준다고 나섰다. 전문가가 하면 하루면 될 시트지 작업을 아마추어가 덤볐으니 이틀 넘게 새벽까지 고생했다. 본사 직원들과 근처 대리점 사장님들의 대가를 바라지 않는 수고가 너무도 아름다웠다. 덕분에 다소 칙칙했던 T대리점 분위기가 화사하게 바뀌었다. T대리점주는 너무 감사해서 꿈인지 생시인지 모르겠다며 기뻐했다.

예전에 T대리점주에게 온누리교회 큐티 동영상을 가르쳐 준 적이 있는데 요즘 하루 열 번도 더 듣는다고 했다.

"어쩌면 하나님 말씀이 딱 나한테 하시는 말씀인지요."

매장에서 매일 들으며 매일 신난다고 했다. 성령님의 은혜다. 예전에는 전기장판에 누워 있다가 손님이 오면 그제야 "어서 오세요" 하고 일어나던 사람, 감기나 천식에 걸리면 며칠을 매장 문을 닫던 사람이었다. 하나님은 정말 최고시다. 어느 한 사람의 마음이 아닌 여러 사람의 마음을 터치하셔서, 그 낙심하고 힘들어하는 사람 하나를 살려 놓으셨다.

나는 무엇보다 성경적인 방식으로 기업을 경영하고자 하는 원칙이 있어서 말씀을 적용한다. "누구든지 자기의 유익을 구하지 말고 남의 유익을 구하라"라는 고린도전서 10장 24절 말씀을 적용해 몇 가지 문화를 만들었는데, 그중 하나가 메리퀸의 '품앗이 판매'다. '고객 끌기' 같은 이벤트 행사를 할 때는 추가로 판매사원이 필요한데, 양모에 대한 경험이 있어야 한다. 초보자를 구해 봐야 설명도 제대로 못한다. 그래서 나온 것이 '품앗이 판매'다. 대리점끼리 서로 돌아가면서 판매 지원을 한다. 자기 매장은 배우자에게 맡긴다. 정말 사심 없이 내 일처럼 도와준다.

'짝꿍 대리점'도 있다. 제품을 공동으로 상의해서 본사에 맞춤 발주하니 싸게 사기도 하고, 물건을 서로 빌려주어 나눠 팔기도 한다. 흔한 일은 아니지만 때로 불량 고객이 이곳저곳 다니면서 이간을 놓을 때 서로 흔들리지 않고 공동 대응한다. 이렇게 하면 대리점 간의 불필요한, 선하지 못한 경쟁에 휘말리지 않는다. 사랑으로 결속하니 상대의 허물을 가릴 수 있는 것이다. 또한 대리점 가족 중에 아픈 사람이 있으면 자기 지역의 유명한 의사를 소개해 주고, 아픈 사람이 그곳에 가면 다 안내해 주고 먹여 준다. 이러다 보니 명절이 되면 본사나 나한테는 안 보내도 자기들끼리 떡도 보내고, 특산물도 보내며 정이 두텁다. 서로 잘 얻어먹고 주거니 받거니 하며 잘 살아간다.

고객과도 단순히 돈과 제품만 주고받는 게 아니라 정도 주거니 받거니 한다. 양모를 잘 모르는 고객에게 양모 이불을 권유하여 써 보게 했더니 "내가 잠을 못 잤는데 이거 때문에 잘 잤다" 하며 고마워하는 고객이 생긴다. 그렇게 되면 고객은 고마운 마음에 떡을 해 오고 대리점은 또 과일을 대접하고, 고객은 또 반찬을 해 오며 살가운 사이가 된다.

이렇게 대리점들끼리 서로 나누는 정을 보노라면 얼마나 훈훈한지, 정말 감사하다. 문제가 생길 때도 서로 든든한 방패가 되어 준다. 나는 서로 돕고 의지하는 그들의 모습에서 천국을 본다.

"하나님, 이런 분들과 동역하게 하심을 감사합니다!"

어떤 대리점이든 공평하게

대리점주들과의 미팅은 늘 롤러코스터처럼 다이내믹하다. 천국과 지옥을 수시로 오르락내리락한다. 하지만 언제나 배울 점이 많고 본사가 파악하지 못한 문제점을 알 수 있어 판매 증진에 꼭 필요한 모임이다. 대리점주들과의 미팅에서는 이러한 밀당, 어르고 달래기가 팽팽하게 전개되는데, 그중에서 다들 자기 대리점만의 특별 대우에 대한 요구도 강하다.

어느 날 우리 재고 리스트를 올려서 선착순으로 추가 할인을 했다. 전국 대리점 지역 팀장들을 불러 재고를 매출 대비 비율로 나누어 주었다. 십분의 일 가격으로 주니까 전국 대부분 매장에서 주문서가 올라왔다. 경쟁이 치열하여 제비뽑기를 했다는 이야기를 직원들을 통해 들었다.

얼마 있다가 J대리점에 갈 일이 있어 들렀는데 그곳 점주가 툴툴거렸다. 지난번 재고 리스트를 올렸던 일로 서운해했다. 다른 회사는 그런 일 있으면 매출을 잘 내는 자기를 먼저 부르는데, 메리퀸은 자기를 홀대한다는 거였다. 대리점 매출이 높다 보니 메리퀸 본사에 대한 기여도가 높다고 자부하기에 마음속에 늘 특별 대우를 받아야 한다고 생각했던 모양이다. 그래서 내가 그랬다.

"매출 순서로 부르자면 O대리점을 불러야죠. 그런데 저는 그런 거 싫어해요. 저는 어느 대리점도 특별 대우 없이 공평하게 운영하고 있어요."

고가의 제품을 많이 파는 J대리점은 특별 대우 받는 것을 당연시하는 경향이 있었다. 판매 대금을 입금할 때 할인해 달라고 하는 건 자주 있는 일이고, 제때에 입금하지 않는 일도 있었다. 할 수 없이 본사는 출고 정지를 시켰다. 대리점주가 전화를 해서는 길길이 뛰었다.

"살다 보니 별꼴을 다 보겠네. 감히 나한테 출고 정지를 시켜?"

때로는 주문을 안 해 놓고는 했다고 우기고, 해 놓고도 안 했다고 우겼다. 나중에는 팩스 주문 외에는 주문으로 인정하지 않게 된 것도 J대리점 덕분이다. 차분히, 같이 흥분하지 않고 전후 사정을 정확히 말씀드리며 설득을 하자 그 뒤로 다시는 "깎아 달라" 이런 말 없이 잘 입금했다.

가끔 이렇게 거칠게 나와서 그렇지, J대리점이 장사 수완은 참 좋다. 그뿐 아니라 여러모로 참 흥미로운 사람이다. 한번은 그를 따라 집에 가 보았다. 저녁 식사를 한 뒤 강둑을 따라 한 시간을 걸어가서 다시 한 시간 걸려 돌아오는데, 매일 그렇게 다닌다고 했다. 아주 좋은 습관이라는 생각이 들었다. 하루에 두 시간을 묵상하게 되면 정리정돈이 잘되고 하루를 마무리하면서 묵상하는 시간이 될 것 같았다. 그렇게 두 시간을 걷고 목욕탕에 다녀온 뒤 잠자리에 든단다.

아침에 일어나서는 남편 식사를 차려 주는데 밥 대신 뭘 갈아서 한 잔 주니 끝이다. 홍삼에, 과일에, 온갖 좋은 계절 음식은 다 먹고, 마가 나오면 마를 또 갈아서 보양식처럼 먹는다. 나도 한 잔 주기에 얻어먹었다. 조금 있으니 언제 준비했는지 문 앞에 벌써 나와서 나를 기다렸다. 자기 식구 챙기랴, 나 같은 손님 챙기랴 정신 없을 텐데 언제 씻고 정리를 끝냈는지 모를 일이다.

매장 출근 전에 목욕탕에 같이 갔다. 목욕탕에 들어가자마자 행동이 번개다. 벗는가 싶으면 벌써 샤워를 하고 있고, 샤워하나 싶으면 탕에 들어가 있고, 탕에 들어가는가 싶으면 벌써 나와서 옷을 입었다. 이상한 경쟁심이 들어 다음엔 내가 앞서 봐야지 마음먹고 나는 아예 탕에 들어가지도 않고 샤워만 하고 나왔다. 그런데 그는 어느 겨를에 나와서 옷을 입고 있었다. 그 빠른 속도는 과히 놀라울 지경이었다.

다음번에 이 사람의 행동을 가만히 지켜보았더니 나는 옷을 하나씩 벗는데 그는 옷을 한꺼번에 벗었다. 벗고 입는 것도 그렇게 하니 간편했고 씻는 것도 워낙 숙달되어서 그것이 가능했던 것이다. 그렇게 J대리점주는 딱 10분이면 목욕을 끝냈다. 한마디로 그는 남들보다 시간을 매우 효율적으로 사용하여 모든 일에서 생산성이 탁월하게 높았다. 따라서 남들은 불가능한 일인다역을 훌륭히 해내고 있는 것이다. 친정에 도움도 많이 주고, 시댁 일도 멋있게 하고, 거기다 김장이고 음식이고 철마다 때마다 못하는 것이 없다. 음식도 잘하고 일도 잘하고 장사도 잘하는 진짜 여걸이다. 판매를 너무 잘하는데, 그 당시는 하루에 천만 원 이상 팔아 본 사람은 J대리점주밖에 없었다.

'능력이 부족하면 부지런히라도 해야겠구나!'

내 생각이 바뀐 것은 그때부터다. 그를 보면서 빨리 하는 것도 능력이고, 그러려면 일단 게을러서는 아무것도 안 된다는 것을 절실히 깨달았다. 일하면서 여러 다툼도 있었지만 여러 면에서 배울 점이 있는 사람이었다.

J대리점주가 유일하게 자기 맘대로 안 되는 사람이 본사 사장인 나였다. 자기 집에 데려가서 특별 대접을 해 주면 내가 자기를 특별 대우해 줄 줄 알았는데 그것이 안 먹힌 것이다. J대리점에 가면 본사 사장 떴다고 점주가 버선발로 뛰어나와 맞아 준다. 멋진 음식집에 가서 대접하고 자기 집에 가서 재우고, 한마디로 마음에 쏙 들게 행동하는 능력이 있다. 하지만 나에겐 다른 대리점도 똑같이 중요하다. 사사로운 친분보다는 대리점 전체의 매출을 책임져야 한다는 더 중요한 가치를 늘 잊지 않았다.

본사 직원은 머슴이 아니라 동반자

어느 대리점을 들렀다가 서울로 올라가고 있는데 점주로부터 연락이 왔다.

"사장님, 화장실 청소하셨지요?"

"그냥 화장실 쓰다가 뭘 좀 흘려서 치우는 김에 같이 닦았어요."

"아이참, 사장님도. 그냥 두시지, 화장실 청소를 하고 가시면 어떡해요? 내가 미안하잖아요."

대리점을 들를 때, 화장실이 더러운 곳은 사용하는 김에 청소를 하고 온다. 그러고 나면 이후부터는 그 대리점 화장실이 깨끗하게 관리가 된다.

각 지역마다 대리점 관리를 담당하는 팀장들이 있다. 영업 점검과 판매 관련 지원을 주 업무로 한다. 이 직원들은 매장을 방문할 때 아예 공구를 가지고 다닌다. 진열장 수리, 형광등 교체, 현수막 교체, 심지어 화장실 청소도 한다.

직원도 없고 주인 혼자 매장을 관리하는 곳은 여기저기 꾀죄죄하기 쉽다. 매장 안은 파리가 날리고, 창고는 재고가 쌓인 채 정리도 안 되어 있다.

"유리 닦읍시다!"

"간판 닦읍시다!"

"창고 정리합시다!"

창고를 확인해 재고는 매장 앞에 내다 놓고 가격을 파격적으로 내려 정리해 치운다. 그렇게 팔고 나면 자산 평가를 해 본다. 재고 가 얼마인지, 얼마가 나가고 있는지, 수익은 어떤지 등. 이렇게 자 산 정리를 해 주면 그다음부터는 어떡하든 매장 관리를 잘하려고 노력한다. 그러나 얼마 지나면 다시 원위치가 된다. 그러면 또 내 려가 정리해 준다. 잘할 때까지.

이것을 악용하는 사람들도 있었다.

"어이 김 팀장, 우리 유리창 한번 닦아 줘!"

이럴 땐 절대 해 주지 못하게 한다.

"아니, 그렇게 하라고 시범을 보여 준 거지, 본사 직원이 머슴입 니까?"

스스로 관리하는 능력을 키워 주려는 것인데 그 뜻을 잘 모르고 악용하니 안타까울 뿐이다. 본사 직원을 집기 수선이나 하고 배달 이나 하는 머슴으로 알아서는 곤란하다. 직원도 스스로 머슴을 자 처해서는 안 된다. 본사 직원이 먼저 바로 서야 대리점 관리도 잘 되는 건 당연한 이치다.

대리점이 잘되도록 지원하는 본사 직원의 자기 계발은 매우 중 요하다. 물류 담당 대리가 있었다. 매우 열심히 일하는 친구인데 어느 날 하루 종일 박스만 붙들고 있기에 지나가다 한마디 던졌다.

"김 대리, 너 이 회사에서 박스만 포장하다 나갈래?"

열심히 일하는데 이 무슨 소린가 하고 당황한 표정으로 나를 쳐다보기에 말을 덧붙였다.

"내가 책에서 보니까 리더는 오늘 일은 부하에게 맡기고 미래 일을 하는 거래!"

며칠이 지난 후 김 대리가 물품 구입 신청서를 올렸다. 불러서 결재 내용에 대해 설명해 보라 했더니 말이 술술 나왔다.

"품의서 내용대로 롤테이너라는 바퀴 달린 이동식 창고를 사면 작업이 개선될 수 있습니다. 소요 예산은 이 정도 듭니다."

내가 지나가며 던진 말에 자극을 받아 그동안 다른 회사 물류창고도 가 보고 책도 보면서 생각을 많이 한 모양이다. 한마디로 현재가 아닌 미래의 일을 해 놓은 것이다. 그해 연말 평가에서 김 대리를 포함한 물류팀이 고과를 가장 잘 받아 금일봉도 받았다.

외국어 공부를 하라고 해도 뺀질대며 죽어도 안 하던 직원이 하나 있었다. 그 직원이 일은 잘해 최우수 직원으로 뽑혀 부상으로 해외 출장을 가게 됐다. 독일 하임텍스틸 박람회에 보냈는데, 가 보니 영어가 부족한 것을 실감했던 모양이다. 갔다 와서 영어 때문에 고생한 이야기를 동료들에게 늘어놓았다. 내가 한마디 했다.

"내 나이에는 졸업장 딱지가 필요 없어. 그러나 너는 졸업장 딱지가 필요해. 너, 공부해야 되겠지?"

"네."

"입학금은 내가 대 줄게. 공부해서 실력을 갖춰."

얼마 있다 그 직원은 사이버대학 영어영문학과에 합격을 했다.

약속대로 입학금을 주었다.

한 직원은 오빠를 공부시키느라 자기는 대학을 포기했었다. 독학으로 꾸준히 공부해 일본어를 매우 잘했다. 일본에 가서 일본의 유명 연예인 콘서트를 보고 오는 직원이었다. 일본어가 유창하기에 일본에 출장을 갈 일이 있을 때는 통역으로 이 직원을 데리고 갔다. 어느 날 출장길에 직원에게 물어봤다.

"대학 공부 좀 하는 게 어떠니? 오빠도 다 장가가고 했으니까 너도 공부할 수 있잖아. 사이버대학이라도 가라. 공부한다고 하면 입학금은 내가 대 줄게."

그 직원도 사이버대학 경영학과에 입학했다. 물론 입학금은 내가 해 주었다.

내가 예전에 사이버대학을 간다고 했을 때 호 이사가 길길이 뛰면서 반대했던 게 생각이 났다.

"뭔 쓸데없는 것을 하려고 그래? 누나가 그걸 어떻게 하려고?"

그러나 졸업 후 "나, 학사 졸업장 나왔다!"고 말했더니 명절날 만났을 때 한마디 했다.

"누나, 참 고생 많았어. 이제 메리퀸 대표이사가 대졸이 됐네!"

그러면서 눈물을 글썽였다. 그 모습에 나도 울컥했다. 정말 우여곡절 끝에 졸업한 대학이었기에 남매가 눈물 바람을 한 것이다. 대학 공부를 하면서 느낀 것은 호 이사는 공과 사가 참으로 분명한 사람이라는 것이었다. 대학에 입학할 때 노트북을 법인카드로 결제했더니 호 이사가 내 월급에서 확실하게 공제했다.

대학원을 간다니까 호 이사가 또 반대했다. 데자뷔인가 싶을 정도로 대학 갈 때처럼 반대했다. 그래서 아예 직원들 앞에서 대놓고 발표했다.

"이 나이에 배우는 것이 무슨 의미가 있겠어요? 그렇지만 내가 검정고시 쳐서 여기까지 왔습니다. 공부 안 해도 되지만 그래도 나는 모범을 보이고 싶습니다. 여러분은 지금이라도 늦지 않았어요. 나보다는 젊으니까 해 보세요. 그런 의미에서 나는 대학원을 가려고 합니다."

아쉽게도 대학원 졸업 마지막 과정인 논문 심사 과정을 마무리하지 못해 건국대학교대학원 문화컨텐츠학과 수료로 마쳤다. 졸업이 아닌 수료로 끝났지만 과정 속에서 배우고 느낀 것은 알차게 내 피와 살이 된 느낌이다.

대리점 매출을 도와주는 본사 직원은 대리점 수발이나 드는 머슴이 아니다. 대리점 매출 증대를 돕고 함께 성장하는 동반자, 반려자다. 그러기 위해선 본인 스스로 자기 계발에 게을러선 안 된다. 늘 배우는 자세를 보이고 대리점보다 한발 앞서가야 대리점의 호응을 이끌어 낼 수 있다. 직원들에게 자극을 주고자, 솔선수범하고자 사장인 내가 이렇게 머리가 굳어지는 나이에도 열심히 공부하는 것이다. 사장 하기 쉽지 않다.

장사에는 자기 조절이 필요하다

"사장님, 날 좀 꼭 만났으면 좋겠어요. 언제 와요?"

상담할 게 있다면서 자꾸 "언제 와요, 언제 와요" 하기에 시간을 내 그 대리점에 갔다. 대리점주가 머리는 산발을 한 채 하소연을 한다.

"친정 엄마는 정신이 왔다 갔다, 대소변도 못 가려서 요양원에 계시고, 아흔세 살 드신 시어머니는 수발들기를 원하셔서 우리 집에 계시고… 이런 상황에서 남편은 농사짓는다며 나 몰라라 하고, 나는 혼자 매장을 하는데 재고는 쌓여서 창고 문이 안 닫힐 정도로 넘치고…. 아, 사장님, 나는 어떻게 살면 좋겠어요?"

대리점주는 몸도 마음도 완전히 지쳐 있었기에 외모를 가꿀 힘도 여력도 없이 눈이 퀭해 보였다.

"그러면 저를 오늘 밤 하루 재워 주세요."

이분의 상황이 어느 정도 심한지를 좀 알아야겠기에 집으로 찾아갔다.

"시어머니는 뭘 좋아하세요?"

소고기 장조림을 좋아하신다고 해서 고기 두어 근 사 들고 따라갔다. 가 보니 과연 아흔세 살 노모가 계시는데 밥을 차려 놓으면 맛나게 잘 잡수셨다. 남편은 농사짓느라 얼굴이 새카맣게 탄 채 들락날락거리고 있었다. 먼저 남편에게 말을 걸었다.

"감자 농사가 다 되면 저 좀 보내 주세요. 이거 맛있어요?"

"그럼요. 종자 좋은 거예요."

"우리 회사에 좀 보내세요. 내가 쪄서 직원들 먹여 보고 맛있으면 직원들한테 말해서 전부 팔아 드릴게요."

아침에 일어나 마당에 나가 보니 앵두, 딸기 등 이것저것 아주 풍성하게 많이 열려 있었다. 아흔세 살 시어머니가 마당에 나와서 텃밭 고춧대 묶는 일을 하고 있었다. 나는 일련의 상황들을 가만히 지켜보다가 그 대리점주에게 말했다.

"물컵의 반 이야기 알아요? 내 생각에 점주님은 물컵의 반이 차 있는데 반이 비었다고 슬퍼하는 것 같아요. 친정 엄마가 요양원에 계시니 마음이 아프겠지요. 힘이 안 나지요. 그러나 오락가락하는 분, 직접 가서 뒤치다꺼리한들 별 도움도 안 돼요. 그보다는 점주님이 힘을 내고 열심히 물건 팔아서 엄마 살아생전 맛있는 것 한 번 더 사 드리는 게 낫지요. 남편도 헛돈 쓰고 나쁜 짓 하는 것도 아니고 농사짓는 건데 문제 될 것 없잖아요? 시어머니도 자리보전하지 않고 건강하시니 얼마나 좋아요? 그러니 생각을 바꿔 보세요. 혼자서 대리점 운영하며 아무도 안 도와줘 고생한다 생각하지 말고요. 주변 사람이 도와주지는 않는다 해도 귀찮게 하는 사람이 없어 고맙다고! 물컵의 반이 빈 상황이 아니고 아직도 반이나 차 있다고 생각을 바꿔 봐요, 우리."

"그런가요? 제가 너무 생각이 짧았나요?"

그 후 일주일 동안 많은 변화가 있었다. 대리점주의 표정이 밝아지더니 넘치는 재고를 차례차례 해결해 나갔다. 요양원에 가면 친정 엄마가 자꾸 붙잡고 우니까 거기에 마음이 아파 정신 집중이 안 되었던 것이다.

장사는 정신 집중이 안 되면 힘들다. 그러면 자기 조절이 잘 안 된다. 자기 조절이 안 되면 정확한 상황 판단이 안 된다. 그러면 점점 비관적으로 생각하게 될 수 있다. 그럴 때 타인의 조언이 필요하다. 바둑이나 장기 두는 사람보다 옆에서 보는 사람이 판세를 더 잘 읽는 경우가 많다. 그래서 훈수 두는 사람이 생기고 그 판단이 맞는 경우가 많다. 이 대리점주도 친정 엄마의 병환이라는 슬픔에 빠져 모든 게 비관적으로 보였던 것이다. 그렇지 않다는 조언이 필요한 경우였는데 때마침 내가 그 역할을 할 수 있었던 것이다.

대리점주의 남편이 지은 감자를 팔아 주겠다고 했는데 이상하게 감감무소식이었다. 물어보았더니 다 썩어서 버렸단다. 어떤 사람이 몽땅 팔아 주겠다고 해서 실어 보냈는데 한 이틀 팔아 보더니 날씨가 더워 다 썩었다면서 도로 실어다 놓고 가 버렸다는 것이다.

언제는 또 그 집에 다녀오는 길이었는데 배추를 먹으라고 차에다 잔뜩 실어 주었다. 배추가 무척 크고 맛있었다. 이번에는 제대로 팔아 주자는 생각에 전화했더니 배춧값이 폭락했다면서 그냥 알아서 나눠 먹겠단다.

그런데 남편의 아쉬움을 전하는 대리점주의 목소리가 생각보다 명랑했다. '그래요, 그렇게 몸 건강하게 농사짓고 삼시세끼 잘 먹고 장사 그럭저럭 되고 그러면 되는 거지요. 그 정도면 훌륭한 인생이지요'라고 속으로 생각하며 전화를 끊었다.

대리점 체험 교육과 본·깨·적·보

C대리점엔 딸이 부모와 같이 매장에서 일한다. 그런데 아버지와 매장 운영에 있어 여러 면에서 잘 안 맞았다. 부녀가 매장에서 툭하면 지지고 볶기에 딸에게 넌지시 말을 건넸다.

"너, 나 따라 전국 대리점 순회하며 바람 좀 쐴래?"

딸은 기다렸다는 듯 쓱 따라나섰다. 3일 동안, 전국 매출 최우수 매장 등 몇 군데를 포함하여 부산까지 함께 다녔다. 차를 타고 이동할 때는 고객 관리, 마케팅 등을 주제로 한 강의를 들었다. 그러더니 매장 순회가 끝날 즈음, "저, 이제 제대로 매장 운영해 볼게요" 했다.

그해 4월, C대리점이 전국에서 두 번째로 많은 매출을 올렸다. 여세를 몰아 매장 디스플레이를 다시 하기도 하며 불철주야 고생하더니 5월에는 매출 7천만 원으로 전국 1등을 했다. 본사도, 전국 다른 대리점들도 모두 깜짝 놀랐다. 다른 대리점들이 그곳 좀 구경시켜 달라고 요청해 왔다. 견학하고픈 대리점주 신청을 받았다. 20여 명 정도 모아 체험 프로그램을 하게 되었다. C대리점 방문 등 1박 2일 동안 프로그램을 진행한 후 헤어지기 전 마무리로 우리는 '본·깨·적·보'를 했다.

'본·깨·적'은 이랜드 비즈니스 스쿨에서 배운, 성과를 내는 독서법으로, '책에서 본 것, 깨달은 것을 삶에 적용해 보는 것'을 뜻한다. 나는 여기에 '보', '보상은 무엇인가'를 더해 보았다. 우리가 뭔가 활동할 때는 결국 나에게 이익이 되는 것, 보상을 받기 위해서 하는 것 아닐까? 따라서 책을 읽을 때뿐 아니라 무슨 일을 할 때든 '본 것은 무엇인가?', '깨달은 것은 무엇인가?', '적용할 것은 무엇인가?', '보상은 무엇인가?'를 따져 봐야 한다. 메리퀸의 모든 모임은 마지막에 본·깨·적·보를 적어 나누는 것까지 해야 끝이 난다.

C대리점 현장 체험으로 자극을 받은 사람들이 아직 헤어지기 전인데도 다들 집에 전화하고 난리가 났다.

"여보, 매장 청소만 해 놓고 기다려. 그러면 내가 가서 다 알아서 할게."

"난 이제 달라질 거야. 이제 우리도 1등 매출 올려 보자고요!"

C대리점 연수를 다녀간 사람들은 연중 가장 비수기인 6월에 다들 매출 목표 초과 달성을 해내었다.

이것을 계기로 메리퀸에는 1박 2일 '체험 교육 여행'이 시작되었다. 참가자는 1인당 20만 원씩 회비를 낸다. 관광버스를 대절해 전국을 돌아다니며 체험하고, 교육하고, 배우고 나눈다. 재고 정리를 잘하는 매장, 친절한 매장, 매출이 급성장한 매장, 재고를 잘 처리하는 매장 등을 찾아가서 그 비법을 배우는 프로그램이다. 체험 교육을 통하여 배우는 노하우와 요령은 곧바로 매출로 이어지니 놀라울 따름이다.

이 체험에 참가하는 대리점주들의 열정은 대단하다. 한번은 체험 교육 여행 도중 찜질방에서도 난상 토론이 벌어졌는데, 너무 열띤 대화가 오고 가자 주변 사람들이 시끄럽다고 해 쫓겨나기도 했다. 토론이 끝나면 대리점주들은 모두 손을 잡고 기도를 한다.

대리점주들 중에는 절에 다니는 불교 신자나 천주교인도 있다. 종교가 다른 대리점주를 고려하여 "불교식이나 천주교식으로 해 볼까요?" 하면 대부분 "그냥 사장님 방식대로 해 주세요" 한다. 그러면 내가 기독교식으로 기도한다. 매출 증대라는 간절함 앞에선 형식보다 내용이 중요한 것이다. 어떤 때는 시간이 바빠 빨리 가려고 기도를 잊고 버스에 타고 있으면, "우리는 왜 기도를 안 해 줍니까?" 하고 투덜거린다. 그러면 다시 우르르 내려 매장에 들어가 같이 손잡고 기도를 하고 나온다.

대리점 오픈, 새로운 인생 오픈

J대리점에 갔을 때다.

"메리퀸 사장님, 너무 만나고 싶었어요."

매장에 앉아 있던 손님이 인사를 건네 왔다. 그분과 대리점주, 나 이렇게 셋이 이런저런 얘기를 나누었다. 연세가 지긋하신 그 여자 손님은 자신이 연극영화과를 다니던 얘기를 해 주었다. 주거니 받거니 한참 이야기보따리를 풀어 놓던 손님은 반가웠단 인사를 남기고 매장을 떠났다. 메리퀸 대리점은 이렇게 동네 사랑방 역할도 하는데, 나쁘지 않다. 굳이 매출에 도움이 안 되어도 지역 사회에서 훌륭한 역할을 하는 것 같아 뿌듯하다.

J대리점은 전주에서 조그마하게 포목점을 하다가 도매까지 하면서 돈을 많이 벌었다. 색감이 뛰어난 한복 전문가인 사모님인데, 말마따나 보따리 하나 들고 전주에 와서 자수성가했다. 근처에는 J대리점 말고 O대리점이 있다. O대리점은 나중엔 전국 매출 1위도 했지만 여기엔 참으로 우여곡절이 만만치 않았다. O대리점은 J대리점의 한 대화에서 시작되었다.

원래 J대리점에는 아들과 며느리가 직원으로 일하고 있었는데, 그걸 보고 있던 내가 불쑥 한마디 했다.

"아드님 사업 연습 좀 시키시죠?"

J대리점주는 이미 장사하다 한 번 말아먹었다면서 씨도 안 먹

힌다는 반응이었다. 뭐든 양쪽 입장을 들어 봐야 한다는 생각에 아들 쪽 의견을 들어 봤다.

알고 보니 예전에 아버지가 가게 하나 작은 것 얻어 주기는 했는데, 그때는 경험이 부족했기 때문에 운영을 잘 못했다고 했다. 그러다가 다른 직장을 구하려고 해도 부모님 반대가 심해 아무 도전도 못한 채 매장에서 배달 정도를 돕는다는 것이다.

나는 J대리점주를 설득했다. 아무리 그래도 이미 결혼한 아들인데 이렇게 비전도 없이, 제대로 된 역할도 못하면서 살아가는 모습이 어딘지 안돼 보였다.

"점주님은 나중에 이 재산 다 사회에 기부할 건가요? 아니죠? 다 아드님 주실 거죠?"

"그렇죠."

"그런데 나중에 아드님이 크게 망해서 점주님이 열심히 번 돈을 다 잃으면 어떻게 하실 겁니까? 지금이라도 사업 연습해야 하지 않겠습니까?"

"내가 아들을 데리고 같이 하면 안 되겠어요?"

"그건 안 돼요. 아들 내외가 주도적으로 운영해야 해요. 그렇지 않으면 시작할 필요가 없습니다."

간신히 허락이 떨어졌다. 그렇게 매출 특급, 메리퀸 O대리점의 역사가 마침내 시작되었다. O대리점은 전국 매출 4위까지 기록한 매장이다. 우스갯소리로 안에서 길을 잃을 정도로 매장이 전국에서 가장 크다. 부모 밑에서 배달만 하던 아들은 이제 훌륭한 대리점주로 우뚝 섰기에 남편으로서도 얼굴이 서고 친구들 사이에서도 성공한 사업가로 당당해졌다.

현장에 뛰어들어야만 배우는 것들

그날 K대리점에 도착한 것은 저녁 8시 무렵이었다. 우연히 K대리점주가 매장을 비우게 된 사연을 들었다. 외국인에게 물건을 팔아 본다고 영어 공부를 하더니 영어 연수차 홍콩을 가게 되었다는 것이다. 그러면서 "사장님, 한번 팔아 보실래요?"라고 농담 삼아 던진 말이 내가 K대리점 판매사원으로 뛰게 된 계기다.

K대리점에 도착해서 혼자 매장에 있는데 예전에 우연히 만난 고객을 만났다. 그때 그분에게 양말 한 박스를 선물한 적이 있었는데 마침 그 고객이 왔다.

"그때 울 양말이 너무 좋아 또 사러 왔어요. 이제 줄줄이 양모를 사다 나르네요."

울 양말 두 박스를 사 갔다. 이곳에 판매사원으로 왔으니 '뭘 더 팔 수 있을까?' 하는 생각에 이것저것 보다가 새로 나온 소파 방석을 권했다. 고객이 그동안 무엇을 샀는지 너무 모르고 권한 탓인지 판매에 실패했다.

간신히 오후 10시를 채웠다. 마무리하고 있는데, 다른 W대리점주로부터 전화가 왔다. 고객이 오면 질문을 많이 하라며, 이렇게 저렇게 하라고 자세히 안내해 주었다. 가격대별 혼수에 대한 내용이 담긴 자료도 팩스도 보내 주었다. 늘 대리점주들에게 잔소리하며 판매를 독려해 왔는데 현장 판매에 관해선 다들 나보다 한 수 위다.

본사 사장도 한번 팔아 보면서 애로사항, 개선할 점을 알아보겠다고, 언제 한번 판매사원으로 가겠노라 말해 본 적이 있긴 했지만, 내심 무척 걱정이 되었다. '주인이 없는 매장에서 본사 사장이 못 팔면 무슨 망신인가? 그런데 또 너무 잘 팔면 너도나도 나를 부르는 거 아니야?' 하면서 온갖 생각을 다 했다. 바둑이나 장기 둘 때 훈수는 참 잘 됐는데 직접 두려니 떨리는 마음이라고나 할까? 그래서 불안한 마음에 기도만 했다.

매장에 딸린 방에서 잠을 자고 이튿날 아침, 큐티를 마치고 매장에 나와 나라를 위하여, 남북한을 위하여, 전 세계를 위하여 기도했다. 매장을 돌아다니며 물건 하나하나 축복하고, 양모 이불을 덮는 분들을 위한 기도도 빠트리지 않았다. 이 이불을 통해 많은 사람이 회복의 잠자리를 가질 수 있기를 희망했다.

첫 손님으로, 여호와의증인 전도하는 분이 "하나님을 만나 보십시오" 하며 들어왔다. "네, 그러잖아도 만나는 중입니다" 하고 대답하고 전단지 한 장 받고 돌려보냈다. 보내 놓고는 '아차! 그들에게도 양모를 알려야 하는데, 놓쳤다! 그들도 회복의 잠자리를 실현시켜 줘야 하는데' 하고 후회했다. 어떤 분은 오곡 찰밥과 생채와 팥죽을 갖고 왔다. 평소에 음식 솜씨가 좋아서 K대리점에 음식을 자주 해다 주었다고 했다. 주님이 수고한다고 보내 주신 특식 같았다. 배고프던 차에 포장도 미루고 맛있게 먹었다.

K대리점 매장에 들르는 손님이 참 다양하다. 그리고 얼굴이 편안하다. 마치 집에 들어오듯 들어온다. 어떤 손님은 매장 입구 커피머신에서 알아서 커피를 내려 먹고는 누구를 기다린다. 그러다 처음 보는 나에게 대뜸 제품에 대해 물어본다. 성심껏 알려 드리고 신상품인 소파 방석을 보여 드렸더니 좋다고 한다. 그러더니 갑자기 전화를 받고는 누굴 만나려는지 휙 나가 버린다. 동네 사랑방 같은 편한 매장. 당장 매출을 올린 건 없지만 왠지 마음이 흐뭇했다.

어떤 손님은 울 패드를 설명하니 세일 때 사겠다고 그냥 가려고 한다. 하도 세일, 세일 하기에 "지금 사 가시면 세일 때 그만큼 선물로 드릴게요" 했다. 그래도 그분은 신뢰가 가지 않는지 세일 때 사겠노라 고집했다. 이걸 보던 대리점주 딸이 세일할 때 연락 드리겠다고 하고 보내 드린다. 노련한 판매다. 보낼 수 있는 여유! '다음부터는 절대로 세일해 달라는 손님에게 구차하게 흥정하지 말아야지' 다짐했다. 이참에 세일을 원하는 손님을 대응하는 법을 연구해야겠다고 마음먹었다.

판매사원 셋째 날이 되자 결국 나는 판매사원에서 판매 보조 역할밖에 할 수가 없었다. 그래, 수준이 판매 보조가 딱 맞았다. "주여, 나의 교만함을 용서하소서"라는 말이 저절로 나왔다. 맨 처음엔 "주께서 하시옵소서" 해 놓고선 이런저런 꾀를 부리며 '누구를 데리고 와서 팔까? 누구를 부르나?' 하며 사장 체면을 구길까 봐 머리 굴린 나 자신을 반성했다.

마음을 내려놓으니 오히려 일이 잘 풀렸다. 어떤 손님에게 혼수품을 6백만 원어치나 팔았다. 하루 목표가 3백인데 이틀 치를 한 건에 해결했다. 너무 감사한 날이다. 내가 하는 것이 아닌, 하나님이 하시는 것 같았다. 이 판매를 통해 혼수에 경쟁자가 가전이고 그릇이라는 것을 제대로 체험했다. 어느 정도 정해져 있는 전체 혼수 예산 안에서 구매 물품의 예산 배분은 유동적일 수 있기에 혼수 구매자의 그날 기분에 따라 이불을 더 구매하든지, 가전을 더 구매하든지 한다는 것이다. 어느 고객에게도 울 패드를 강력히 권했더니 브랜드 그릇 풀세트 살 비용을 줄이고 울 파일 패드를 산다고 했다. 신이 나서 이불솜도 종류별로 디스플레이를 더 했다.

판매 3일 차, 마음에 여유가 생겨 W대리점주에게 전화해서 오늘 있던 일을 얘기했더니, 훈수를 한 가지 더 해 준다. 고객의 구매 패턴을 눈여겨볼수록 내가 제대로 권할 수 있단다. 당장의 구매 의사는 없고 시장조사 나온 듯한 고객이라도 제품에 대한 설명과 가격에 대한 정보를 최대한 제공하고 보내란다. 고객이 제대로 접대받았다는 느낌을 받을 수 있도록 말이다. 그래야 재방문율이 높아진다고 했다. 노련미와 테크닉이 과연 전문가 수준이다. 이런 분들이 내 주변에 있다니 정말 행복감이 밀려온다. '나는 복이 많다. 좋은 사람들과 좋은 고객들과 좋은 동역자들이 내 주변에 가득하다. 참 나는 행복한 사람이다'라는 생각이 들었다.

매장에 나와 보니 본사에 있을 때와는 다르게 고객들의 다양함이 정말 생생하게 다가온다. 어떤 손님은 기획 구성 차렵 이불을 주로 보기에 가격 부담이 덜한 상품을 권했더니 혼수를 보러 온 것이었다. 고객을 선입견 갖고 대하면 안 된다는 것을 배웠다. 어떤 분은 남편과 각방을 쓰게 됐다면서 남편 몫의 이불 세트를 사러 왔다. 노년에는 각방을 쓰는 경우가 많은데 그 연령대에 맞는 제품이 필요하다는 걸 알았다.

그럭저럭 나흘 간의 판매사원 근무를 마쳤다. 우연히 농담 삼아 했던 말 한마디로, 나는 대리점 현장 판매의 날것 같은 경험을 했고 무사히 마무리했다. K대리점주 딸과 나란히 앉아 매장 근무 피드백을 나누었다. 좋았던 것과 개선할 점은 무엇인가 등. 그동안의 판매 일정을 복기해 보니 반성할 점이 많았다. 이 판매 경험을 바탕으로 판매 작전은 어떻게 세워야 하는지, 고객은 어떻게 불러 모아야 하는지, 양모 설명회를 해야 하는지, 에니어그램 강의를 해야 하는지, 고객 서비스는 무엇으로 해야 하는지, 고객 관리는 어떻게 하는지 등 많은 고민을 했다.

하나님께 철저히 회개하고, 분수에 맞는 위치를 찾아서 판매 보조로 판매하다 보니 갑자기 성과가 좋아진 것에서도 느끼는 바가 크다. 하나님 앞에 겸손함, 이것이 이번 매장 근무에서 체면을 유지하게 된 비결이다.

'메리여왕 판매비법 노트'의 탄생

'그래, 좋았어! 이번 일을 계기로 새롭게 버전 업을 해 보자!'

K대리점 판매사원 경험을 통하여 배운 것을 가지고 '메리여왕 판매비법 노트'라는 현장 매뉴얼 노트를 만들었다. 메리퀸 울하우스아카데미 부산경남지역 미팅 때 '메리여왕 판매비법 노트'를 공개한다고 했더니 해당 지역 여덟 개 대리점주가 모두 참석했다.

"K대리점에 다녀오고, 이거 해야겠다고 생각했어요. 말 한마디에 고객 반응이 다르게 나온다고 했잖아요? 멘트 개발 등 할 게 수두룩합니다. 물론 다들 잘하고 있는데 정리가 안 되어 있어요. 모든 비법은 현장에 있더라고요. K대리점이 우연히 기회를 줬는데 이건 정말 하나님의 은혜였습니다."

고작 며칠 근무하고 어떻게 이런 걸 만들었느냐며 대리점주들이 저마다 한마디씩 칭찬을 얹어 주었다. 나는 신이 나서 열변을 토했다.

"이렇게 매뉴얼로 남기면 자손대대로 물려줄 수 있어요. 판매 노하우가 있는 노트가 매년 쌓이면 현장 경영에 더 도움이 되겠죠. 대신 손님 응대 기록을 사실대로 정직하게 적어야 정확한 매뉴얼이 될 수 있어요. 이 노하우를 공유하지 않는다면 우리가 모일 일이 없어요."

다들 물 만난 고기들처럼 앞다퉈 자기 의견을 서로 주고받았다.

"판매자는 자신 있어야 해요. 내 제품에 대해 자신이 있어야 해요. 그리고 양말 하나 팔 때도 고객에게 감사해야 해요."

"맞습니다. 나 스스로 용기를 내야 합니다."

"나를 축복하고 용기를 줘야 해요."

그렇게 우리는 스스로를 축복하는 시간도 가졌다. 모두 판매 노하우는 물론 용기와 행복을 받아 간 미팅이었다.

이 '메리여왕 판매비법 노트'를 보고 가장 속시원해하며 반긴 사람이 있다. 내가 '교수님'이라고 부르는 W대리점주다.

"거 봐요, 사장님도 직접 해 봐야 알아요. 오죽하면 내가 애 낳을 새도 없었겠어요?"

그는 하나님을 믿지도 않으면서 하나님께 감사한다.

"하나님이 나한테는 장사가 잘되게 해 줬어요. 내가 가장 힘들 때 손잡아 준 메리퀸, 그 고마움 못 잊어요."

W대리점은 점주를 비롯해 전 직원이 환상의 팀을 이루며 매출 전국 1위를 달리는 곳이다. 그는 그동안 이것저것 하느라고 간판

을 다섯 번이나 바꿨다. 여러 가지 해 보니 그중 메리퀸이 가장 좋았다면서 최종 메리퀸 전문 매장으로 확정한 것이다.

한번은 대리점 오픈을 앞두고 있는 예비 점주와 함께 W대리점에 들렀다. 뭐라도 하나 배울 것이 있을까 싶어서였다. 아니나 다를까, 알토란 같은 조언을 많이 해 주었다.

"점주는 항상 기쁘고 긍정적이어야 해요. 상품을 팔 때, 점주가 미리 제품 써 보고 고객에게 조언할 줄 알아야 하고요. 또 사 간 물건이 방치되지 않도록 여러 사용 방법도 알려 줘야 해요. 그러려면 제품 관련 공부도 많이 해야 해요. 제품을 내 새끼처럼 생각하면 모든 게 가능해요. 침대가 과학이듯, 양모 이불도 과학이에요. 이런 말을 그냥 외워서가 아니라 진심을 담으려면 우선 내가 사용해 보고 느껴야 해요. 그래야 자신 있게 우리 제품이 좋다 하고 팔 수 있어요."

W대리점주의 제품에 대한 사랑과 자부심은 대단했다. 주옥 같은 판매 철학이 이어졌다.

"크든 작든 어떤 제품이든 내가 가지고 놀 수 있을 정도 되려면 첫째, 즐거워야 합니다. 물건 보는 데 짜증만 나면 장사 못하지요. 지금 수선하는 이 베개가 처음 왔을 때는 모래 색깔, 강아지가 오줌 싸 놓은 것 같았어요. 누런 모래 색깔이라고 해야 할까, 그랬어요. 더럽다 생각하면 안 돼요. '내 새끼가 이렇게 변했어? 어이쿠, 고쳐 줘야지' 하는 마음이 들면 즐겁게 하는 겁니다. 저는 그 베갯

속을 보고 기가 막히고 아까웠어요. '아니, 이 좋은 걸, 사람들이 잘 몰랐구나.' 사실 내가 판 물건은 저렇게 돼서 안 와요. 나는 저렇게 안 되도록 미리 처방하고 팔거든요. 엉망이 되어서 수선 들어오는 물건들은 대부분 대충 실적 올리려고 하는 사람이 판 물건이에요. 저는 그렇게 쓴 고객 만나면 '우리 물건 막 대하지 마라. 내 새끼나 다름 없다' 한마디 해요."

이쯤 되면 강연이다. 내가 이분을 '교수님'이라고 부르는 것은 바로 이런 점 때문이다. 정신에서도 기술에서도 결코 빠지지 않는 전문가다. 이것도 '메리여왕 판매비법 노트'에 추가해야겠다, 마음먹은 하루였다.

숨기는 것 없이 솔직한 본사와 대리점

대리점 운영에 대한 컨설팅을 하다 보면 본의 아니게 가게 재정 리스크 파악까지 해야 하는 경우가 있다. 그래서 처음부터 말한다.

"판매일보와 손익 진행된 것, 다 저에게 주셔야 합니다."

그러면 대리점주들은 대부분 우물쭈물 망설인다. '아무리 본사지만 대리점 판매일보까지? 너무 간섭이 심한 것 아니야?' 이렇게 오해하면서 말이다.

"나중에 우리가 대리점 손익 분기점을 넘겨 줘야 하거든요. 그러니 현재 부채 상황도 모두 알아야 합니다."

자초지종을 자세히 설명해 주면 그제야 표정이 피면서 고개를
끄덕인다.

P대리점 이야기다. 물건은 많이 나갔는데 매장에 가 보면 물건
도 없고 돈도 없다. 본사에 입금을 못 시켜 걸핏하면 출고 정지가
된다. 그러다 입금하면 정지 풀리고, 또 입금 못 시켜 정지되었다
가 또 입금하면 정지가 풀리는 게 반복이다. 대리점주의 집에 가
보면 번 돈을 죄다 써서 진수성찬으로 잘 먹고 잘 지내는 것도 아
니다. 다른 데서 누가 뜯어 가는 것도 아닌데 이상하게 돈이 없다.
하루는 기도하고 찾아갔다.

"미안하지만, 동생같이 나이도 어리고 하니까, 그래서 말인데
통장 좀 봅시다."

통장을 가져왔기에 살펴보았다. 돈 들어오고 나간 것에 대해
세세히 물어봤더니 놀랍게도 보험료와 대출 이자가 그렇게 많이
나가는 것이다. 거절을 못하는 성격 탓에 보험회사 사원이 부탁하
면 다 들어 준 것이다. 통장에 보험료를 자동이체해 놓으니 판매
대금을 본사에 송금하기도 전에 미리 다 빠져나간 것이다. 그러다
본사에서 출고 정지하면 보험료 약관 대출로 입금시키곤 했다. 이
자만 백만 원이 넘었다. 자기도 이자가 그렇게 많이 나가는 줄 몰
랐단다. 그다음 날, 곧바로 보험을 다 해지했다. 그다음부터는 정
신을 바짝 차렸는지 입금 못 시키는 일이 없어졌고, 물건 진열장

도 비우지 않았다.

그런데 어느 날 가니 또 진열장에 물건을 못 채워 놓고 있었다. 담보 한도에 따라 물건을 내리다 보니 출고량이 적었던 것이다. 담보를 늘리고, 물건 출고 한도를 더 받아 진열장을 채웠다. 이거 못 팔면 끝이라는 생각이 들었는지, 다부지게 다짐하더니 모두 팔았다. 이렇게 서너 바퀴 돌아가니 P대리점은 정상 대리점으로 회복이 되었다.

또 한 대리점은 자가 건물의 매장이었는데 늘 돈이 없다고 타령했다. 건물을 구입한 지는 얼마 안 되는데 융자를 끼고 샀다. 은행 이율이 만기가 되면서 조금씩 올라가는데, 현재 이율이 한참 올라가 있는 상태였다.

"다른 은행을 한번 알아보세요."

사장님이 내 말을 듣고서 다른 은행을 알아보니 금리가 더 싼 게 있었다. 다른 은행으로 담보 대출을 옮기려고 거래하던 은행에 얘기했더니 "아이고, 뭔 소립니까? 저희가 해 드리지요" 하며 이율을 확 내려 주더란다. 이래서 세상이 "무식하면 당하는 것"이라 했다.

많이 파는 것이 능사가 아니고, 이익이 나야 한다. 단순히 양모만 많이 팔아치우면 무슨 의미가 있는가? 이익이 남도록 팔아야 진정으로 성공하는 것이다. 그래서 처음 대리점을 운영할 때는 어쩔 수 없이 부채 리스트를 비롯한 모든 재정 상황을 조사한다.

월세가 한 달에 천만 원이 나가는 대리점이 있었다.

"천만 원이면 얼마를 벌어야 하는 줄 압니까? 이거 안 됩니다. 여기서 빨리 접고 월세가 더 싼 곳으로 옮기세요."

그런데 이 지점이 팔기는 잘 팔아서 항상 매출 상위권에 있었다. 그러니 대리점주가 기고만장하여 "무슨 소립니까? 물건 파느라 정신없는데 뭐라고요?" 하더니 결국 보증금도 다 까먹고 완전히 접었다. 이제는 이불 가게 할 돈이 없어서 못한단다. "그때 사장님 말 듣고 매장을 옮겼어야 했는데…" 하고 후회한다.

대리점에서 매일 판매일지를 보내오면 나는 피드백을 꼬박꼬박 한다. 그러다 갑자기 중간에 빚이 툭 튀어나오면 당장 찾아가 아주 뒤집어 놓는다. 나한테 숨긴 거 다 털어놓으라 닦달한다. 내가 숨긴 돈 빼앗아 가려는 게 아니고 다 자기들 잘되라고 하는 줄 알기에 결국 다 털어놓는다.

본사와 대리점은 서로 정직해야 한다. 숨기면 망한다.

기뻐해야 매출이 좋아진다

H대리점에 들렀더니 점주 행색이 머리는 산발이요, 세수는 했는지 안 했는지, 화장도 했는지 말았는지 몰골이 말이 아니다. 청소는 엉망인 데다 매장 안이 온통 어수선하다. 침구 취급 매장은 정리정돈은 물론 깨끗함과 아늑함이 기본이거늘, 이쯤 되면 장사를

어떻게 하고 있을지 딱 감이 온다.

　매장을 살펴보니 아니나 다를까, 진열장은 일부 비어 있고, 고객 응대도 못하는 것 같고, 그날따라 아이들은 이리 뛰고 저리 뛰어 정신을 쏙 빼놓고 있었다. 점주는 나를 보자 불편하고 당황스런 기색이다.

　"갑자기 왜 오셨어요? 아무 예고도 없이?"

　"언제는 제가 예고하고 다녔습니까?"

　장사가 안되는 게 본인도 마음이 아플 터라 눈치를 살펴 가며 슬슬 물어보았다.

　"왜 이렇게 망가졌을까요?"

　"사장님, 난 이제 너무 지쳤어요."

　그분은 결국 눈물을 글썽이며 고개를 푹 떨어뜨린다.

　"해도 해도 끝이 없어요."

　그분은 그동안 힘들었던 일들을 낱낱이 이야기한다. 듣고 있자니 가슴이 아려 오는 사연들이다. 하지만 떨쳐 일어나야 한다. 어떤 말을 하면 도움이 될까 고민하다 말을 꺼냈다.

　"성경에 보면 '현재의 고난은 장차 우리에게 나타날 영광과 비교할 수 없도다'(롬 8:18)라는 말씀이 있습니다. 점주님이 그간에 얼마나 수고했는지는 잘 알아요. 그렇지만 정 힘들면, 엘리야도 주의 큰일을 하던 중 도망가서 로뎀나무 아래서 먹고 자고 쉰 것같이 우선 가서 좀 쉬고, 예전같이 다시 힘내서 해 보는 것이 어떨까요?"

오랫동안 여러 대리점주들을 만나면서 깨달은 것이 있다. 매장이 잘되는 전략이 있다. "항상 기뻐하라. 쉬지 말고 기도하라. 범사에 감사하라"다. 매출이 좋으면 기뻐하는 것이 아니라 기뻐해야 매출이 좋아진다. 그리고 고객과 이웃을 위해, 가족을 위해 기도의 끈을 놓지 말아야 한다. 늘 범사에 감사한 말을 하면 진정으로 기뻐하는 삶이 된다.

나는 엉망이 된 대리점주에게 계속 말했다.

"주님이 내일 오신다면 이 꼴을 하고 앉아 있을 겁니까? 정말 등불을 준비하고 기름을 준비하는 처녀가 되어야 하지 않겠습니까? 고객 속에 오시는 주님을 위해 점주님은 무엇을 준비하시겠습니까?"

그랬더니 내 말을 가만히 듣던 대리점주가 갑자기 그런다.

"아이고, 맞아요. 내가 이러면 안 되는데!"

그러더니 오랜만에 왔으니 나더러 밥 먹고 가라고 한다. 괜찮다고 하면서 나오는데, 대리점주가 내 등에다 대고 큰 소리로 외쳤다.

"다음에 오실 때는 꼭 전화하세요! 맛있는 전복 사 드릴게요!"

본사에 올라오니 직원이 놀라운 듯 말했다.

"H대리점에 주문이 많아졌어요. 잘되나 봐요."

나는 속으로 '주님, 당신이 또 하셨습니다' 하고 기도했다.

모든 일이 마음먹기 나름

T대리점주는 울하우스아카데미 지역 미팅에 한 번 다녀온 후에 며칠간 잠을 못 이뤘다고 했다. 몸이 약해서 장시간 교육을 받는 것도 힘들었고, 또 마음의 문도 열리지 않아서 그 이후엔 아카데미에 참석을 하지 않았었다. 그러던 중 10월 말 지역 미팅에 처음으로 참석했다. 교육이 며칠 진행된 후 그가 발언을 자청했다.

"예전 같으면 벌써 몸이 아파 쭉 뻗었을 거예요. 그런데 이상하게 몸이 멀쩡해요. 잠도 안 잤어요. 한밤중에 침대 밑에 우두커니 앉아 있으려니까 딸애가 자다가 일어나서 '엄마, 왜 안 자?' 묻더라고요. 내 머릿속은 온통 '제품을 어떻게 다시 진열할까? 이건 이렇게 해 볼까? 저건 저렇게 해 볼까?' 매장에 대한 생각으로 꽉 차 있었거든요."

아카데미에 적극 참석한 이후 비로소 시야가 열린 그는 11월 매출을 올리기 위해 무엇을 할까 궁리하다가 고단가 상품을 구비하는 전략을 세웠다. 11월 세일 기간에 맞춰 상품을 주문했고 그 작전은 주효했다. 결국 11월 매출 목표를 초과하고 다른 사업자들의 열정에 불을 질러 놓는 놀라운 결과까지 만들어 냈다.

열정 하나로 매출 목표를 초과 달성하게 된 T대리점주의 이야기는 그냥 흔히 있는 매출 증대 이야기가 아닌 인간 승리, 그 자체였다. 그 무렵 T대리점이 위치한 곳에 악재가 겹치면서 지역 경기가 잔뜩 위축되었고, 굵직한 회사들이 빠지면서 매장은 주도로에서 벗어난 골목이 되었다. 장사가 안되어 속상한데 한술 더 떠 매장 앞에 주차 단속 카메라가 설치되었고 단속도 심해졌다. 고객이 주차 단속에 걸리자 대신 벌금을 물어 주기도 했단다. 지나가는 사람도 없고, 손님이 편하게 차를 댈 수 있는 주차장도 없는 외진 곳, 매장을 옮기는 수밖에 다른 방법이 없었다.

하지만 이리저리 알아봐도 마땅한 곳이 쉽게 나서지 않았다. 분위기 쇄신을 위해 매장 내부를 좀 바꿔 볼까 싶어도, 인테리어에 손대면 건물 주인이 시비 걸까 봐 함부로 건들지도 못했다. 직원을 구하려고 구인 광고를 내도 사람이 오지를 않았다.

"내 몸이 약해서 일도 잘 못하니 이래저래 최악의 조건, '난 안 되겠구나' 하고 속수무책인 상태로 지냈어요. 제가 어땠냐 하면요, 기운이 없어 매장 출입구 카운터 옆에 이불을 덮고 가만히 누워 있다가 손님이 들어오면 부스스 일어나서 맞이하곤 했다니까요."

지푸라기 잡는 심정으로 울하우스아카데미 부산경남 미팅에 나왔는데 거기서 이곳 대리점주가 변해 버린 것이다.

"와서 보니 모두 어찌나 다들 열심인지, 다른 매장 억 소리 나는 매출 이야기를 듣고 제가 그만 충격을 받았어요. 저는 그냥 되는 대로, 큰 욕심 없이 그렇게 했거든요. 어차피 몸도 약하니 내 힘에 부치지 않을 만큼만 하자 싶었죠."

그랬던 그분의 열정에 불이 붙었다. 열악한 주변 환경은 모두 그대로며 아무것도 바뀐 것은 없다. 단지 마음 하나 바꿔 먹은 것뿐이다.

"그냥, 한번 해 봐야겠다는 생각이 들더라고요. '나도 한번 해 보자' 했던 것밖에 없어요."

미팅에 모인 사람들은 온통 감동 모드였다.

"이젠 아프지도 않아요. 이틀 동안 잠을 못 잤어요. 매일 디스플레이를 바꾸어 보았어요. '다른 매장도 하는데, 나는 왜 못하나? 인물이 못났나, 팔이 없나, 다리가 없나, 못난 것이 뭐냐? 내가 못할 건 없다'고 다짐하고 했더니 되더라고요."

이것이 열정이다. 열정은 육체의 한계를 넘어선다. 열정은 환경의 한계를 넘어선다. 열정은 상식의 한계를 넘어선다. 열정에 지식을 더하면 결과가 극대화된다. T대리점주는 계속 말을 이었다.

"미팅 다녀갈 때마다 저에게 변화가 생겨요. 양털 매트를 구경하는 어떤 손님이 있었는데, 매트의 털을 끊임없이 뜯는 거예요. 억지로 당기면 아무래도 털이 뜯기잖아요? 그래서 '손님, 모를 단단하게 심었기 때문에 털이 빠지는 일은 없습니다' 하고 설명을 하는데, 그래도 자꾸 뜯는 거예요. 예전 같으면 그런 것 절대 수용 못했죠. 언짢은 얼굴을 했을 거예요. 그런데 아카데미 다녀오면 그게 수용이 되더라고요. 또 취향이 변덕스럽고 까다로운 고객도, 끊임없이 '왜요? 왜요?' 하면서 습관적으로 묻는 고객도 수용할 수 있는 프로정신이 생기더라고요."

장내에 힘찬 박수 소리가 울렸다. 최악의 조건을 열정 하나로 극복한 대표 사례의 주인공 T대리점주. 매출을 떠나서 이런 열정은 그 자체로 참 훌륭하다고 생각한다.

메리퀸 울하우스아카데미는 이렇게 열정을 주고 열정을 받는 살아 있는 장이 되었다. 나도 이런 분들의 열정을 배울 수 있어서 얼마나 뿌듯했는지 모른다.

회사를 키우기보다 사람을 키워야 한다

교육과 연수를 통해 도전 의식 고취, 꿈 리스트 작성 등을 강조하며 대리점이 잘되도록 해 줬더니 아이러니한 일이 하나 벌어지고 말았다.

"내가 20년 동안 잠잠하게 살았는데 메리퀸 만나서 울하우스아카데미 딱 배우고 보니 내 꿈이 이게 아니라는 걸 알았어요. 나, 이제 메리퀸 그만할래요!"

D대리점주의 말이다. 이게 무슨 자다가 봉창 두드리고 귀신 씻나락 까먹는 소리인가! 이제 대리점이 자리도 잡혔고 장단점 파악 후 개선점도 알았으니 그대로 밀고 나가기만 하면 탄탄대로인데 자기 꿈이 아니라서 메리퀸 대리점을 그만하겠다니 말이다. 기가 막히지만 일단 점주의 사연을 들어 보았다.

"내 꿈 깨워 주고, 내가 원하는 게 뭐고, 내가 진짜 잘하는 길로 가게 해 준 게 다 메리퀸 교육 덕분인데, 내 길 찾아 메리퀸 대리점을 그만둔다니 이상하죠? 저도 정말 갈등 많이 했어요. 미안하지만 난 마음 정했어요. 다른 일 하기로! 꿈 리스트와 마케팅 3단계 교육을 안 받았더라면 전 영원히 메리퀸 하다 죽었을 것입니다. 내 강점 알고부터 나도 이제 날아가 보고 싶다는 생각이 들었습니다."

많은 시간 이야기를 나눠 보니 고심 끝에 내린 결론이라 이미 돌이킬 수 없다는 것을 깨달았다. 또 그분이 대리점과 안 맞다는 것을 알게 됐다. 그래서 나도 축복하며 이렇게 말해 주었다.

"괜찮습니다. 그렇게 알게 하신 분은 하나님이시고, 꿈을 발견한 것, 저도 기쁘게 생각합니다. 정 그러시면 다른 사람에게 잘 인계해 주세요. 저도 다음 인수를 받는 사람은 환상의 팀 아니면 안 하겠다는 생각입니다."

원래 교육 목적에 완전히 반대의, 어찌 보면 최악의 결과를 낳은 D대리점주의 새로운 변화에 나도 마침내 박수를 보냈다. 메리퀸을 키우는 결과는 아니지만 한 사람의 꿈과 인생을 키우는 결과를 낳았으니 이 또한 훌륭한 일 아닌가? 그러나 이것은 또 다른 반전의 서막일 뿐이었다.

시간이 좀 지난 어느 날, 대리점 체험 여행을 떠나기 위해 새벽 5시에 집에서 출발했다. 이번 체험 여행에서는 지난달 순회하며 평생 플랜과 내년 목표 세우는 법을 알려 준 것이 있어 교육보다는 친목과 단합에 좀 더 치중하기로 했다. 그래서 나도 이번에는 빠질까 생각하다가 버스 뒷자리에서 못 잔 잠이나 자야겠다는 심산으로 따라나섰다.

다양한 프로그램을 마치고, 마침내 D대리점주의 강의가 이어졌다. 내 머리엔 물음표가 날아다녔다.

'메리퀸을 그만하겠다던 사람이 웬 강의란 말인가?'

"내 꿈 찾아가기 위해 메리퀸을 떠나려 했던 D대리점주입니다. 얼마 전 송별식을 하러 본사 윤 부장님이 매장에 왔습니다. 함께 저녁 먹고 술 한 잔 하고 이러고 있는데, 늘 나더러 '사장님, 사장님' 하던 이분이 느닷없이 '너, 이 새끼, 내 동생이었으면 내 손에 맞아 죽었다. 하라는 건 하나도 실행 안 하고 만날 안 된다고만 하고, 내 동생 아닌 거 천만다행으로 알아라!' 하는 거 아니겠습니까? 저는 그때 한 대 얻어맞은 것처럼 충격을 받았습니다. 윤 부장님의 충고를 가만히 듣는데, 제가 너무 메리퀸을 안일하게 대했단 생각이 들더군요.

지금까지 이렇게 나에게 직설적으로 충고를 해 주는 사람이 없었는데, 다들 좋은 말로 넘어가고 했는데 이렇게 거칠게 말하는 게 오히려 진심이 느껴져서, '나를 진정으로 아끼는구나' 하는 생각이 들면서 제가 너무 생각이 짧고 이기적이었단 생각이 들었던 거죠. 그 자리에서 잘해 보겠다고 빌었습니다. 그래서 결국 다시 메리퀸을 하게 되었습니다."

사람들이 술렁거리며 알게 모르게 탄성을 내뱉었다. D대리점 주의 말은 계속 이어졌다.

"울하우스아카데미 충청 지역 미팅에 모여서 교육을 받고, 배운 대로 계획을 짜서 독하게 마음먹고 그대로 했습니다. 그랬더니 매장 오픈 2년 6개월 만에 아내와 둘이 하루에 1,100만 원을 팔았습니다. 그때 아내와 신나서 껴안고 난리가 났어요."

모두 환호하며 크게 박수를 보냈다. 반전도 이런 반전이 없다. 당장 그만둘 듯하던 사람이 극적으로 돌아와서 메리퀸 예찬의 일 등 강사가 되어 있다니 말이다.

D대리점주는 전직 컴퓨터 프로그래머였다. 나중에 그는 메리퀸 전산 프로그램을 다 수주받았다. 수주받은 프로그램을 제작하느라 매장 옆에 사무실을 하나 더 냈다고 한다. 메리퀸 대리점도 하면서 자기가 하고 싶은 일도 하게 된 것이다. 개발해 준 프로그램은 아무래도 대리점주가 직접 개발해서인지 다른 대리점주들이 사용하기에 매우 편리했다. 메리퀸도, D대리점주도 모두 흐뭇한 결과였다.

이 모든 과정이 하나님의 은혜다. 나는 이렇게 장사를 하면서 인생을 배운다.

3부

하나님의 통치로

온 땅 덮으소서

5장_

성경에서
경영 철학을 찾다

안 된다면 하나님은 거짓말쟁이

성경적 경영을 하고 싶었다. 그야말로 '맨땅에 헤딩하기' 식으로 경영해 오면서 인간관계에서 많은 실패와 위기를 겪었다. '내 방식대로'를 고집하며 나름 많은 노력을 기울였다. 하지만 시간이 흐를수록 '하나님의 방식대로' 해야 함을 깨닫게 되었다.

'어떻게 하는 것이 성경적 경영인가?'를 놓고 헤아릴 수 없이 기도했다. 동역자들과 말씀도 많이 나눴다. 책도 읽어 보았다. 답은 가까운 데 있었다. 이미 성경 속에 경영의 원리가 그대로 있다는 것을 알았다.

"새 계명을 너희에게 주노니 서로 사랑하라 내가 너희를 사랑한 것 같이 너희도 서로 사랑하라"(요 13:34).

"누구든지 자기의 유익을 구하지 말고 남의 유익을 구하라"(고전 10:24).

"미움은 다툼을 일으켜도 사랑은 모든 허물을 가리느니라"(잠 10:12).

'아, 이 말씀대로 해 봐야겠다. 그래, 이것이 바로 성경적 경영의 원리구나!' 하는 생각이 들자 온몸에 전율이 쫙 돋았다. 전지전능하신 하나님인데 말씀대로 실천이 안 된다면 전지전능하신 하나님이 아니다. 만약에 말씀대로 안 된다면 하나님은 거짓말쟁이다.

진정한 승리, 진정한 부흥은 돈을 많이 버는 차원이 아니라 진정한 하나님의 꿈에 동참하는 것이다. 내가 진정한 승리를 하려면 내 사업이 하나님의 꿈에 동참해야 하며, 하나님의 꿈에 동참하기 위해서는 그 말씀을 따라야 하는 것이다. 가장 공정하게 살 수 있는 법은 하나님의 법이라는 생각이 들었다. 그 하나님의 법이 바로 성경 말씀이 아닌가?

한 사람이 이익을 취하면 누군가 한 사람은 손해를 본다. 그래서 성경에서 "누구든지 자기의 유익을 구하지 말고 남의 유익을 구하라"고 한 것이다. 인간의 욕망은 끝이 없어서 사랑으로 허물을 덮지 않는 한 이해되지 않거나 용납이 안 되는 일 투성이다. 공동체 삶을 살고자 할 때, 깊은 사랑이 서로 공존하게 하는 것이지 나만 옳다고 강하게 주장하는 것이 공존의 비결은 아니다. '믿음과 소망과 사랑, 그중의 제일은 사랑'인 이유다(고전 13:13). 옳으니 그르니 끝까지 시비를 가려 본들 인간은 조화롭게 살 수가 없다. 허물을 덮으며 이해하는 것만이 신의 말씀을 실천하며 공생하는 법이다.

전국 60개 대리점 중에 3위 안의 매출을 올린 곳이 있었다. 그 대리점주는 나를 보자 매우 의기양양하게 말했다.

"저희가 매월 몇 천만 원을 본사에 현금으로 입금하는데 뭐 없어요? 타사는 할인이나 선물이 있는데…?"

인센티브 좀 달라는 소리다. 물론 많이 판 건 칭찬해 마지않을 사실이다. 그러나 나는 인센티브가 공평성에 어긋난다고 생각했다. 애초에 계약에도 없던 일이고, 무엇보다 본사가 그렇게 이익이 많은 것도 아니다. 고민하다가 조심스럽게 입을 열었다.

"점주님, 성경에 보면 지경을 넓히라는 말씀이 있지요?"

"예, 그런데요?"

"점주님처럼 모두가 많이 팔면 저도 부자가 되어 있겠지만, 사실 저는 점주님보다 부자가 아닙니다. 이것저것 따져 보면 점주님 이익보다 본사 이익이 더 적어요. 성경에 보면 선 줄로 알거든 넘어질까 조심하라는 말씀도 있지요? 지금은 점주님이 많이 팔았을지 몰라도 언제 어떻게 될지는 아무도 모릅니다. 그러니 더 정진하시죠."

트집을 잡자니 성경 말씀이고, 내 말도 틀린 소리가 아니니 기분은 영 떨떠름하지만, 별다른 말대꾸가 없었다. 여기서 그냥 끝나면 성경적 컨설팅이 아니다.

"점주님이 원하는 것을 내 맘대로 해 드리기는 힘들지만, 오늘 저녁은 제가 최고로 대접하겠습니다."

그날 일은 이렇게 잘 마무리되었다.

남의 유익을 구하는 경영

"주의 나라가 이 땅에 이루어질 때까지."

나는 주로 마태복음 6장 10절 말씀에 기준을 두고 회사를 운영해 나갔다. 어느 목사님에게 내 경영 철학이 "주의 나라가 이 땅에 이루어질 때까지"라고 하니 최고의 기도문이라고 했다. 나는 천국이 이 땅에 임하면 얼마나 근사할까 하는 마음에 이것을 경영 철학이자 사업의 목적으로 정했다. 회사 앞에다 큼직하게 써 붙여 놓았다. 사람들이 들어오고 나갈 때 모두가 그 말씀을 마음에 새겼으면 하는 뜻에서다. 물론 나도 나 자신이 일할 때 항상 그 목적을 잊지 않기 위해서다.

회사 앞에 또 하나 써 붙여 놓은 것이 있다. "온 인류가 양모 이불을 덮을 때까지"다. 이것은 우리 사업의 궁극의 목표다. 처음에는 "온 국민이 양모 이불을 덮을 때까지"였는데 꿈이 확장되었다.

양모가 너무 좋아서, 내가 써 보니까 '이렇게 좋은 것을 온 국민이 함께 누렸으면' 하다가 '온 인류가 함께 누렸으면'으로 바뀌었다. 양모 이불은 친환경적이므로 하나님의 창조 질서에 합당하고, 인간에게 따스한 잠자리를 제공하므로 인간에게 유익을 준다. 성경 말씀에 비추어도 최고의 아이템이다.

큰 목표를 가졌으니 이젠 내 삶도, 내 사업도 하나님 나라의 확장을 위해 쓰임 받는 도구가 되고 싶었다. 늘 하나님의 말씀 중심 경영, 가치 중심의 경영을 하고 싶었다. 그것을 위해 해마다 말씀을 하나씩 받기 위해 기도한다. 모두 신갈렙 선교사님의 조언 덕분인데, "마태복음 6장 10절 말씀은 크게 비전의 말씀으로 두고, 그때그때 구체적인 말씀을 받는 것이 좋다"고 말해 주신 적이 있다. 그 후로 무슨 일이 있을 때마다, 어려움이 있을 때마다 신갈렙 선교사님과 상담하면 늘 성경에서 말씀을 알려 주셨다.

한번은 동생 호 이사 건으로 말씀드린 적이 있었다. 동생이 회사에 이사로 들어와서 살림을 잘해 주니 늘 고맙게 생각했다. 그런데 고마운 건 고마운 거고 성격이 나와 맞지 않는 면이 많아 늘 티격태격 싸우곤 했다. 그 말씀을 신 선교사님에게 했더니, "보라 형제가 연합하여 동거함이 어찌 그리 선하고 아름다운고"(시 133:1)라는 말씀을 들려주셨다. 그 말씀을 받고는 동생이나 나나 서로 상대방 입장을 헤아리며 서로 싸우는 횟수를 줄여 나갔다.

매번 말씀을 알려 달라고 찾아가니 한번은 신 선교사님이 그러는 것이다.

"만날 신앙의 소비자로 살 것이오? 이젠 신앙의 생산자로 살아야지! 직접 하세요."

신 선교사님의 말씀을 곱씹어 보았다. 신앙의 소비자로 머물 것인가, 신앙의 생산자가 될 것인가? 혼자서 성경책을 보고 또 보며 기도하고 또 기도했다. 그러던 중 받은 말씀이 바로 고린도전서 10장 24절 말씀이다.

"누구든지 자기의 유익을 구하지 말고 남의 유익을 구하라"

막상 말씀은 받았는데 고민이 되었다. 회사는 이익이 나야 유지가 되는데, 이 말씀을 따르다 회사가 문 닫으면 어쩌나 싶었다. 이것이 과연 회사를 경영하는 사람에게 맞는 성경 말씀인가?

고민은 계속 이어졌다. 그러던 어느 날 묵상 중에, '남의 유익이 나의 손해는 아니다'라는 생각이 퍼뜩 들었다. 식당을 예로 든다면, 자기 유익을 구하면 싼 원재료를 쓰고 화학조미료를 많이 쓰고 양을 줄이다가는 나중에 손님들이 다 알고 안 찾아올 테니 식당 문을 닫는다. 결국 내가 손해다. 하지만 남의 유익을 구하면, 즉 좋은 재료를 쓰고 천연 조미료를 쓰고 손님에게 양을 푸짐하게 드리면 손님들이 단골이 되어 매출이 늘고 결국 내가 이익이다. 이것이야말로 윈윈(win-win)인 것이다. '남의 유익을 구해서 남이 내 유익을 구해야 기업의 존재가 영속 가능하겠구나'라는 데에 생각이 이르렀다.

그렇다. "온 인류가 양모 이불을 덮을 때까지"를 실현하려면 남의 유익을 구해야 한다는 게 철칙이 되어야 한다. 즉 본사가 대리점의 유익을, 대리점은 본사의 유익을 구해야 한다. 그렇게 나는 나의 다짐을 적었다.

- 남의 유익은 이익이 아니다.
- 남의 유익은 손해가 아니다.
- 남의 유익은 윈윈(win-win)이다.
- 사도 바울은 "누구든지"라고 했다.
- 남의 유익을 구해야 기업은 존속과 지속이 가능하다.
- 이를 위한 협력은 '누구나'가 해당된다.

메리퀸의 대리점 체험 여행은 자기가 가진 노하우를 공개하여 남의 유익을 구하는 윈윈(win-win)의 장이다. 서로 판매 품앗이를 하고, 짝꿍대리점이 되어 도와주고, 지역별 정기 미팅을 통하여 고민을 나누고 열정을 주고, 서로 도와주고 격려하며 노하우를 알려 주는 행위는 모두 남의 유익을 구하는 성경 말씀의 실천인 것이다. 늘 남의 유익을 구하는 메리퀸 가족은 정말 귀하고 멋진 사람들이다.

모델이신 예수님을 따르는 경영

김동하 목사님의 강의를 듣게 되었다. 제목이 "성육신적 사역"이었다.

"선교사님들, 사역을 하려면 어떡해야 돼요? 어려워요? 몰라요? 예수님과 똑같이 하면 되는 거예요."

강의를 듣다가 머리를 탁 치는 게 있었다.

'그래, 저거다! 기업을 하는 나는 성육신적 사역이 아니라 성육신적 사업을 하면 되겠구나. 온 인류가 양모 이불을 덮을 때까지 성육신적 사업을 하면 되겠구나. 예수님과 같이 하면 되겠구나!'

목사님 강의엔 주옥 같은 내용이 많았다.

"선교는 선교사들 때문에 안되고 있어요! 이게 무슨 말일까요? 우리는 선교지 현지인들의 잘못은 용서합니다. 아직은 여러모로 미비하여 그렇다고 너그럽게 이해합니다. 그런데 동료가 조금이라도 잘못하면 서로 용서를 못합니다. 네가 잘났냐, 내가 잘났냐 싸우다 시간 다 보냅니다. 선교사들끼리 서로 잘났다, 트집 잡다 선교가 망가집니다. 예수님처럼 해야 합니다. 내 가족을 섬기는 것처럼 같이 뒹굴어야 합니다. 비가 올 때 우산을 주는 것이 아니라, 같이 비를 맞아 주는 것입니다. 예수님같이 허물을 덮어야 합니다. 예수님은 허물을 덮으라고 하셨지, 네가 잘했냐, 내가 잘했냐 따지라고 하지 않으셨습니다."

강의를 들으면 들을수록 마음속에 기쁨이 차올랐다. 헤매다 길을 찾은 어린아이처럼 흥분했다. 스스로 낮아지고, 순종하고, 목숨까지 걸고 하는 이런 일들을, 정말로 예수님이 하시는 방법대로 하면 내 목표인 "온 인류가 양모 이불을 덮을 때까지"가 실현되겠구나 싶었다. 늘 열심히 하지만 길을 제대로 찾아가고 있는지, 헤매고 있는 건 아닌지 불안했는데 이제야 내 갈 길에 대한 확신을 갖게 된 것이라 마음속에 큰 감동이 일어났다. 그래, 방법은 오직 "예수님같이"였다. "예수님같이" 문화가 기업에 잘 뿌리내려야 했다. 이러한 확신으로 내 경영 마인드가 먼 미래까지 자신 있게 확장되었다.

그전에는 그냥 좋아서, 어찌 보면 생각 없이 떠들고 다닌 측면도 있다. 양모가 좋아서, 너무너무 좋아서 "온 인류가 양모 이불을 덮을 때까지"를 가슴에 품고 사람들에게 쉬지 않고 전파했다. 하지만 가슴 한편에 '내 생애에 과연 이루어질 수 있을까?' 하는 막연함이 있었다. 그런데 "예수님같이"의 기업 문화를 만들고 전통으로 삼는다면 가능하겠다고 생각하니 감격스러워 마음이 떨렸다.

성육신적 사업의 모델이 예수님이시라면 나의 정체성은 무엇인가? 그리스도인으로서 나의 정체성은 '그리스도의 자녀'다. 기업인으로서 나의 정체성은 양모 침구 전문 브랜드 메리퀸의 대표다. "인자가 온 것은 섬김을 받으려 함이 아니라 도리어 섬기려하고"(마 20:28)라고 예수님이 말씀하셨다. 그렇다면 나의 결론은

"메리퀸의 대표로서 주님의 겸손으로 고객을 섬기는 사람"이 되어야 한다는 것이다.

이렇게 감히, 건방지게 예수님을 사업으로 끌어들였으니 고객에 대한 태도도 바뀌어야 했다. 주님이 제자들과 함께하셨던 것처럼 고객과 같이 호흡하며 뒹굴어야 한다. 가족같이 생각하며 대해야 한다. 또 예수님은 말씀하셨다.

"둘째도 그와 같으니 네 이웃을 네 자신같이 사랑하라 하셨으니"(마 22:39).

"새 계명을 너희에게 주노니 서로 사랑하라 내가 너희를 사랑한 것 같이 너희도 서로 사랑하라"(요 13:34).

"무엇보다도 뜨겁게 서로 사랑할지니 사랑은 허다한 죄를 덮느니라"(벧전 4:8).

예수님은 사랑이다. 그리스도의 자녀는 '사랑하는 사람'이다. 나는 어찌 보면 무조건적인 고객 사랑이라는 어려운 길에 스스로 들어선 것이다. 예수님의 이름을 들먹였으니 이젠 빼도 박도 못하게 됐다. 이제 나는 메리퀸의 대표로서 고객을 대할 때 미움, 분노를 접고 사랑으로 대해야 한다. 예수님 말씀이 빛이 되고 등불이 되기에 가야 할 길이 분명히 보여 가슴은 벅차지만 나약한 인간이기에 가야 할 길의 어려움에 대해 긴장이 되는 건 어쩔 수가 없다.

십자가에 달려 죽으시고 사흘 만에 부활하셔서 제자들 앞에 나타나신 예수님이 말씀하셨다.

"그러므로 너희는 가서 모든 민족을 제자로 삼아 아버지와 아들과 성령의 이름으로 세례를 베풀고 내가 너희에게 분부한 모든 것을 가르쳐 지키게 하라 볼지어다 내가 세상 끝날까지 너희와 항상 함께 있으리라 하시니라"(마 28:19-20).

바로 "제자 만들기"로 예수님의 복음 전도 사역자를 키우라는 말씀이다. 그렇다면 나는 "양모 제자 만들기"를 해야 한다. 성령 충만을 받은 초대교회에는 예수님의 나눔의 기적이 일어났다. 서로 교제하고 떡을 나누며, 물건을 서로 통용하고, 각 사람의 필요를 따라 나눠 주며 기쁨과 순전한 마음으로 음식을 먹었다. 그렇다면 메리퀸 사업 공동체도 주님의 기적처럼 서로 나눔으로 균형을 이루는 공동체여야 한다. 예수님의 복음은 이 세상 누구에게나 열려 있다.

"오직 성령이 너희에게 임하시면 너희가 권능을 받고 예루살렘과 온 유대와 사마리아와 땅 끝까지 이르러 내 증인이 되리라 하시니라"

(행 1:8).

누구에게나 대가 없이 주시는 복음의 주인공 예수님은 열린 생각(오픈 마인드)의 달인이시다. 따라서 우리는 '우리끼리'의 폐쇄성에서 벗어나야 한다. 깨어 있는 생각으로 항상 업그레이드하는 것만이 내가 꾸리는 기업이 "예수님같이" 사는 길이다. 예수님은 또 말씀하셨다.

> "우리가 알거니와 하나님을 사랑하는 자 곧 그의 뜻대로 부르심을
> 입은 자들에게는 모든 것이 합력하여 선을 이루느니라"(롬 8:28).

사람은 모두 다 잘하는 것과 못하는 것이 있다. 서로 협력하지 않고는 하모니를 이룰 수 없다. 사람들에게 각자 잘하는 것을 골고루 나누어 주신 하나님의 뜻은 이런 데 있을 것이다. 서로 협력하지 않고는 성육신적 사업을 꾸려 갈 수가 없다.

신앙인의 길과 성육신적 사업은 같은 듯 약간 다르다. 그 내용을 표로 만들어 봤다.

신앙인과 성육신적 사업의 비교

영역	기독인 영적인 영역(100% 선교사로)	실업인 사업적 영역(100% 비즈니스인으로)
정체성 명확화	하나님의 자녀로서의 바른 삶	자기 비즈니스 대표 예: (양모 이불)회사 대표이사
제자도	제자 만들기(전도)	자기 아이템 예: (양모)제자 만들기
심정	예수님의 심정으로	부모의 심정으로(고객에게)
섬김	주님의 섬김	서비스, 동질(내 가족이 사용하는 심정으로 서비스 제공)
태도	주님처럼 제자들과 같이 뒹굴기	고객과 같이 호흡하며 뒹굴기
겸손	주님의 겸손	주님의 겸손으로 고객을 대할 것
공감	주님이 우리를 이해하신 것처럼	고객을 이해하고 공감하기
사랑	주님은 우리를 너무 잘 아신다. 아는 만큼 사랑하신다.	고객의 니즈를 잘 알아 필요를 채워 주 면 최고의 마케팅을 하는 것이다.
나눔	주님의 나눔의 기적(행 2:42-47)	주님같이 나눔으로 균형을
오픈	온 유대와 사마리아, 땅 끝까지	우리끼리 금지: 오픈 마인드/업그레이드/열린 마인드
허물 덮기	사랑은 모든 허물을 덮느니라	허물을 덮기 1. 이해: 서로 다름을 이해 2. 소화: 이해가 되면 소화 3. 소화가 되면 배설하여 잊기 4. 상대를 위해 기도해 주는 리더
동료 우애	협력해서 선을 이루라	동료 우애(협조): 잘하는 것과 못하는 것 이 있기에 서로 협력하여 하모니를 이 루어야 한다.
모델이신 주님	위대한 리더 1. 잘 가르치고 2. 모범을 보이고 3. 가슴에 불을 지르고 4. 목숨까지 버리신 주님 (3년 공생애/전 세계 확산 실력, 최고의 마케터)	위대한 리더 1. 보통 리더는 말한다. 2. 좋은 리더는 잘 가르친다. 3. 훌륭한 리더는 모범을 보인다. 4. 위대한 리더는 가슴에 불을 지른다. 주님이 행하신 것같이.

가르치고 모범을 보이고 같이 하고

십자가를 지고 돌아가신 지 사흘 만에 부활하신 예수님이 제자들에게 나타나 하신 말씀이 있다. 바로 "가서 제자 삼으라"는 것이다 (마 28:19). 제자 삼으려면 그 정도로 배워야 한다. 열심히 배우고 또 배워야 가르칠 수 있으니 말이다. 배울 때, "똑바로 배워라" 하면 부담스럽지만, "가서 네가 제자를 삼을 정도로 배워라" 하면 어떻게 해야 할지 방향이 보인다. 이것은 이해의 능력이 아니라 태도의 문제이기 때문이다.

나는 뭔가 배운 내용을 가르치려 하면 늘 어머니가 첫 번째 대상이다. 뭔가를 배워 왔는데 과연 내가 내용을 제대로 익힌 것인지 테스트하기 위해 늘 어머니에게 먼저 내용을 전달해 본다. 나이가 드신 어머니는 잘 알아듣지 못하신다. 어머니가 알아들으실 정도면 내가 쉽게 잘 전달하고 있는 것이다. 오해는 말기 바란다. 우리 어머니는 총명하고 지혜로우신 분이다. 다만 나이가 드셔서 이해 능력이 조금 떨어진 것일 뿐.

그렇게 내가 배워 온 내용을 정확히 익혔다는 확신이 들면 실천해 본다. 배운 데 그치지 않고 실천에 달인이 될 정도로 한다.

메리퀸 체험 여행이나 지역 미팅을 할 때 B대리점주는 발표를 도맡아서 한다. 여러 사람을 위해서 책을 읽어 오고 발표하는 것이라 부담되지만 가장 혜택받은 사람은 사실 B대리점주 본인이다. 본인이 읽었으니 본인이 가장 잘 배우는 것이다. 남에게 전달할 만큼 배우니 얼마나 확실하게 배우겠는가? 그 원리의 원조가 성경에 떡하니 있는 것이다.

자랑하기 뭐하지만 내 장점 중 하나가 배우는 데 전혀 주저하지 않는다는 것이다. 나에게 부족한 무언가 있는데 그걸 보완할 수 있는 배움의 장이 있다면 조금의 망설임도 없이 달려간다. 이랜드 비즈니스 스쿨도 나의 단골 학교 중에 하나다. 거기서 "제자 만들기"도 알차게 배워 왔다.

이랜드 비즈니스 스쿨에서 배워 온 "제자 만들기"는 "가르치고, 모범을 보이고, 같이 하고, 지켜보고, 위임하는 것"이다. 먼저 가르쳐 준 다음, "이렇게 하는 거야" 하고 모범을 보인다. 그다음엔 같이 해 보고 또 가만히 지켜보기도 한다. 그러고는 위임해 본다. 위임했는데 잘못하면 다시 지켜본다. 지켜보는데 잘 안되면 같이 해 본다. 같이 했는데 잘못하면 처음부터 다시 가르친다.

이렇게 순서를 밟아 내려왔다가 다시 올라가면서 제대로 제자 만들 때까지 한다. 지켜보다 위임했을 때 잘하면 그땐 완전히 위임을 하며 제자 만들기의 한 과정이 끝난다.

고객에게 이윤을 나누는 가치 경영

2박 3일간 방선기 목사님과 함께 전국 메리퀸 대리점을 순회할 기회가 있었다. 내가 "이랜드처럼 성경적 경영을 하고 싶습니다. 저를 가르쳐 주십시오" 하고 요청했기 때문이다. 순회 후 목사님에게 대리점 평가를 해 달라고 하니, "가치 중심 경영, 현장 방문 중심 경영, 인간 중심 경영, 섬김의 리더십, 영성 경영을 하고 있네요"라고 말씀해 주셨다. 근사한 평이었지만, 굉장히 후한 평가란 생각이 들었다. 메리퀸의 경영은 더 발전해야 했다. 그러나 이윤만을 추구하기보다 대리점들이 협력하여 고객에게 이윤을 나누는 가치 중심의 경영을 하고 싶은 건 사실이었다.

O대리점 이벤트 행사를 통해 고객을 위하는 가치 경영이 판매에 효과적인지 실험해 보고 싶었다.

"너의 행사를 여호와께 맡기라 그리하면 네가 경영하는 것이 이루어지리라"(잠 16:3).

O대리점주는 교회는 다니지 않지만 이벤트 행사 40일 전부터 매일 잠언 말씀을 한 장씩 읽고, 16장 3절 말씀은 달달 외우며 기도했다. 또한 '난 할 수 있다'는 자기 긍정 메시지로 자신감을 충전했다.

O대리점은 부모님과 40대 자녀 부부 2대가 메리퀸을 운영하는 메리퀸 가족인데 대가족이 한마음이 되어 행사를 준비했다. 행사 날에는 다른 지점인 J, S대리점이 품앗이로 판매를 도왔다. 총 13명이 서로 유기적인 협조 아래 모든 것을 진행했다. 매장 밖에서는 '행운을 잡아라' 룰렛 게임으로 행사 분위기를 달구고, 양 캐릭터 옷을 입고 카퍼레이드 광고도 했다.

"꽝이 없는 룰렛 게임! 당첨되면 양모 이불을 드립니다. 빨리 와서 줄 서세요."

양모 이불에 당첨된다니까 사람들이 줄을 서고 난리가 났다. 당첨된 사람은 '정말 양모 이불인가?' 의심했다가 상품을 풀어 보고 진짜 양모 이불인 걸 확인하고는 이웃들에게 광고를 한다.

"빨리 가 봐. 내가 당첨됐다니까!"

이렇게 해서 매출이 첫날은 5백만 원, 그다음에는 천만 원, 마침내 하루 5천만 원까지 올랐다.

모든 상품을 다 잘 팔지는 못했다. 상품도 전략을 잘 세운 것은 매출이 높았는데, 전략을 잘 못 세우거나 팀장들이 교만해서 "이 상품은 천만 원 이상 팔릴 거예요" 하면 백만 원, 오십만 원, 아니면 엉망이었다.

하나님은 날씨와 환경을 주관하셔서 남이 내 유익을 구하도록 해 주셨다. 이날 날씨를 갑자기 춥게 하셔서 양모 이불을 많이 팔 수 있었다. 또한 공교롭게도 이날 시내에 다른 행사가 많았는데 우리 행사는 단가가 높은 양모 이불 당첨이다 보니 손님이 이곳으로 우르르 몰렸다. 하루 매출 5천만 원을 넘기는 기적은 그렇게 일어났다.

행사에 임하는 다짐은 "서로 격려하고 기쁘고 행복하게 일하자. 재미 삼아 놀이 삼아 즐겁고 보람되게 하자!"였다. 하루 종일 다짐을 실천하고자 노력했다. 그 결과, "보라 형제가 연합하여 동거함이 어찌 그리 선하고 아름다운고"(시 133:1)라는 말씀을 이루게 되었다.

이날이야말로 내가 바라던 '가치 경영'의 날이었다. 단순히 매출의 가치가 아니라 협력의 가치를 만끽한 것이다. 대리점이 서로 형제자매가 되어 협력하는 가치, 서로 돕는 행복을 만들고 격려하는 즐거움의 가치 말이다. 장부와 계좌에 적히는 가치를 뛰어넘어 구성원 모두의 머리에 새겨지는 가치인 것이다. 그런 가치를 북돋우면 매출의 가치는 저절로 따라온다. 이것이 내가 생각하는 가치 경영이고 O대리점 행사에서 그 가능성을 경험했다.

행사가 끝나고 몸은 피곤했지만 마음은 날아갈 듯 가벼웠다. 항상 기뻐하고, 쉬지 말고 기도하고, 범사에 감사하라는 말씀(살전 5:16-18)을 이룬 날, 내 유익을 구하지 말고 남의 유익을 구한(고전 10:24) 날이었다.

6장_

사도행전 29장을
쓰기 위하여

누군가의 꿈을 이루는 경영

우리는 어떤 꿈을 꾸고 있는가? 대부분 '어떻게 하면 돈을 벌까'에 대해서만 관심이 있다. 대리점을 개설할 때면 점주들은 "메리퀸 대리점을 하면 돈 많이 법니다"라고 말해 주기를 기대한다. 그러나 나는 그 말보다는 다른 걸 제공하려 한다.

메리퀸과 대리점을 계약하면 대리점주는 먼저 '꿈 리스트'를 작성한다. 가 보고 싶은 곳, 되고 싶은 모습, 나누고 싶은 것들을 써 보게 한다. 하고 싶은 것을 물어보면 대부분 "빌딩 사서 사장 되고 싶다"고 답한다. 그러면 이렇게 물어본다.

"몇 살까지 일할 것 같습니까?"

"글쎄요, 대충 육십 세까지 일하지 않을까요?"

벌어야 할 돈을 계산해 보라고 한다. 가고 싶은 곳도 마찬가지다. 몇 살까지 살 수 있을지, 시간과 여행 경비는 얼마나 필요할지 계산하게 한다. "300억 벌고 싶다"고 말하면서 돈 벌 궁리를 안 하면 허황된 것이다. 그러나 구체적으로 계획을 짠다면, 하루에, 일 년에 얼마를 벌어야 되는지 알 수 있다. 계산 결과, 계산이 희망에 부풀어 부풀려졌더라도, 메리퀸으로 자신들의 계획을 달성할 수 있다고 판단되면 사람들은 적극적으로 일에 임한다. 기업은 당신의 꿈은 잘못됐다고 핀잔을 주기보다는 꿈의 기초가 되어 주면 된다. 기초 위에 집은 각자가 책임지고 짓는 것이다.

메리퀸과 대리점을 계약해서 돈 벌어서 빌딩을 사고 여기저기 놀러 다니겠다는 사람들과는 좀 더 심도 깊은 대화를 진행한다. 그들이 꿈을 달성하기 위해서 구체적인 계획을 짜도록, 헛꿈 꾸지 않도록, 본사가 손 놓고 있을 수는 없기 때문이다.

"자, 이제 좀 더 구체적으로 따져 봅시다. 손익분기점은 언제 달성할 거 같아요? 3년? 5년?"

본인 스스로 말하도록 한다. 내가 말하면 그들 인생이 되지 않고 내 인생이 되니까. 야망 있는 사람은 3년, 2년, 1년을 말한다. 야망 없는 사람은 10년, 5년이라고 기한을 둔다. 그러면 너무 의욕이 넘치는 사람은 좀 늦추고, 너무 태평세월인 사람은 "그거 이

루기 전에 가게 문 닫겠어요!" 하며 독촉해서 당겨 본다. 이 과정
에서 좀 더 명확하게 목표를 달성하기 위해선 얼마의 매출을 올려
야 하는지 드러나고, 그러기 위해선 얼마의 시간을 투자해야 하는
지 답이 나온다.

"자, 어때요? 이 목표 달성하려면 다른 거 아무것도 못해요. 그
렇죠?"

"2년은 무리군요. 3년이나 5년은 되어야 할까요?"

"3년, 5년도 만만치 않습니다. 바짝 긴장해야 합니다."

꿈을 꾸는 것은 대단히 가치 있는 일이지만 그것이 망상이 되면
안 된다. 어떤 프랜차이즈는 대리점에게 막연한 환상만 심어 주는
경향도 있다지만 주님의 말씀대로 살고자 하는 메리퀸은 그럴 수
없다. 꿈과 도전 의식은 고취하되 명확한 플랜과 냉철한 현실 인
식을 갖도록 돕는다.

대리점을 계약하는 사람들에게 늘 한마디 해 준다.

"메리퀸을 위해서 당신의 인생을 희생하면 안 됩니다. 당신의
꿈을 이루기 위해 메리퀸을 이용하세요. 그래야 서로 윈윈(win-win)
하는 거지요."

사람은 자기가 하고 싶은 것을 못하면 한이 된다. 갖고 싶은 것
을 못 가지면 한이 된다. 돈 버는 기계로만 있어도 그것 또한 한이
된다. 중간에 슬럼프가 온다. 그러나 하고 싶은 것을 위해 열심히
돈을 벌 때는 슬럼프에 잘 빠지지 않는다.

대리점 상담을 할 때였다. 여사님이 대리점을 하겠다고 남편과 함께 찾아왔다. 여사님은 평생 자신을 위해 옷 한 벌 안 사고 계속 일만 한 분이었다. 갖고 싶은 게 있냐고 물으니 명품 가방을 갖고 싶다고 했다. 그렇다면 갖고 싶은 명품을 사기 위해 열심히 장사를 하면 된다. 아무 생각 없이 그저 돈이 좋으니까 돈 벌겠다는 막연한 목표보다는 명품을 사겠다는 구체적 목표가 더 목표 지향적이고 건강할 수도 있다고 생각한다. 신혼여행도 못 다녀왔다는 내외에게 말했다.

"그러면 먼저 여행을 좀 다녀오세요. 일주일 정도요. 대리점은 그 뒤에 결정하지요."

얼마 후 품평회를 하고 있는데 여사님에게서 찾아오겠다고 전화가 왔다.

"여행 갔다 왔어요?"

"안 갔어요."

"나, 대리점 못 줘요. 여행부터 다녀오세요."

이분들, 할 수 없이 여행을 떠났다. 내게 보내 준 사진을 쭉 보니까 둘 다 인상을 쓰고 있었다. 이왕 놀러 왔는데 이렇게 인상을 쓰고 찍으면 아이들한테 보여 주기가 민망하겠다는 자각이 든 내외는 셋째 날부터는 활짝 웃으면서 사진을 찍었다. 말하길, 활짝 웃으니까 그때부터 여행이 즐거워지더란다.

부부 궁합이 잘 맞는 사람들도 대리점을 운영하다 보면 서로 갈

등하고 힘들어한다. 부부간에 사이가 덤덤한 사람들은 먼저 서로의 간격부터 줄여야 한다. 그렇지 않고는 운영이 엉망이 된다. 그걸 알았기에 여행부터 다녀오라고 했던 것인데 이 내외는 그 효과를 어느 정도 거둔 것이다.

부부 사이가 나쁘든 좋든 본사 입장에서는 대리점 수가 늘어나면 좋은 일이나, 나는 그 꼴은 못 본다. 우리 회사 이름을 건 대리점 안에 웃는 얼굴이 가득해야지 짜증 난 얼굴이 가득한 모습은 난 못 본다. 꿈을 좇을 땐 웃는 얼굴로 좇아야 잘 따라잡을 수 있다는 건 말씀이고 진리다.

"믿음은 바라는 것들의 실상이요 보이지 않는 것들의 증거니"(히 11:1).

보이지 않는 것을 보게 하고, 보이지 않는 것을 이루게 하는 성경 말씀은 불변의 진리다. "말이 씨가 된다"는 말이 있다. 긍정적인 말을 하는 사람들은 성공하고, 부정적인 말을 하고 있으면 실패하는 걸 주변에서 많이 본다. 죽을힘을 다해, 긍정적인 말과 긍정적 다짐으로 정성을 다하는 일치고 성공하지 않는 것이 없다.

"말이 씨가 된다"는 문장은 기도 말과 같다. 그중 "주의 나라가 이 땅에 이루어지이다"는 최고의 기도다. 모두가 꿈을 꾸니까 주님의 도움으로 꿈이 이뤄지는 현상이 나의 삶과 대리점들 사이에 일어나는 걸 경험했다. 대리점을 열어 양모 이불을 세상에 퍼트리고 하나님이 개입하시는 그들의 스토리는 정말 기막히다.

K대리점주는 CBMC(기독인실업인회) 한국대회에서 나의 강의를 듣고 찾아와 대리점 계약을 원했다. 남편은 항공 검사관이란 직업 특성상 성격이 깐깐하고 철두철미한 사람이었다. 정이 많은 그녀는 봉제 관련 일을 하고 있었는데 남편이 돈을 대 주면 원단을 사서 만들어서는 깎아 주며 팔고, 그냥 주고, 외상 주고, 맨날 손해를 봤다. 그러니 남편은 허구한 날 구박을 했다.

"은퇴하면 국물도 없소. 생활비도 안 줄 거니 당신이 알아서 살든지요."

부인은 너무 서러웠다. 남편한테 인정받고 싶은 것이 소원이었다. 구박하니까 "나도 젊었을 때는 미싱 반장도, 책임자도 했어요"라고 항변했다. 그런데도 남편은 스트레스를 주니 대리점을 열기가 힘든 상황이었다. 대리점을 열려면 먼저 남편부터 설득해야만 했다. 본사 대표가 대리점 계약을 원치 않는 배우자를 찾아가는 일은 처음 있는 일이었지만, 사모님을 위해 내가 그 남편을 찾아가서 직접 이야기하기로 했다.

그 남편은 메리퀸 대리점 여러 군데를 찾아가서 물어보는 등 상세히 시장 조사를 한 모양이다. 나랑 처음 만나서는 한마디 툭 던졌다.

"메리퀸 대리점이 본사를 칭찬하더군요."

부인에게 대리점을 차려 줄 뜻을 넌지시 비쳤다. 내가 못 박아 말했다.

"대리점을 하는 데 필수 조건이 있어요. 부인의 대리점을 전폭적으로 지원한다는 의미에서 남편께서 반드시 돈을 대세요!"

대리점 오픈 후에 찾아가니 사모님이 피부도 고와지고 주름살도 많이 없어지고 예뻐졌다.

"요즘 마사지 다니고 있어요. 보톡스 주사도 맞았고요."

매출이 나고 성과가 오르기 시작하니까, 남편이 마사지 구독권을 끊어 주더라는 것이다. 억울해하고 주눅이 들어 있던 사모님이 이젠 쾌활해졌다.

"그동안 남편 탓을 했는데, 교회 가서 성경 말씀을 듣다 보니 바로 내 탓도 있더라고요."

은혜를 받아 마음이 넓어진 것이다. 남편의 말도 많이 부드러워졌다.

"집사람, 나한테 시집와서 고생 많이 했어요. 내가 그동안 좀 심하게 닦달했지요. 이렇게 잘 풀린 것, 다 사장님 덕분이에요."

그렇게 해서 K대리점주는 집도 사고 집안의 복덩이가 되었다. 돈도 벌었지만 무엇보다 인생이 달라진 것이다. 꿈을 이룬 인생이 된 것이다. K대리점주에게 대리점 계약 때 만들었던 꿈 리스트 얘기를 슬쩍 꺼냈다.

"돈 벌면 어려운 사람 돕겠다면서요?"

돈 벌면 하고 싶은 일을 적는 꿈 리스트는 처음에는 허황한 것 같지만, 나중엔 결국 효력을 발휘한다. 꿈의 리스트는 나중에 성공했을 때 교만하지 않고 넘어지지 않도록 잡아 주는 중심이 된다. 꿈을 이루기 위해서는 돈이 필요하다. 자본주의 사회이기 때문이다. 그러나 돈은 수단이지 목적이 아니다. 돈을 벌기 위해 살면 안 된다. 이 점을 다들 수긍하지만 일상에 매몰되면 까맣게 잊기 쉽다. 그럴 때마다 하나님의 말씀을 마음에 새기고, 돈과 꿈의 절묘한 밸런스를 찾는다면 그 인생은 성공한 인생이 될 것이다.

갈망한다. 기도한다. 메리퀸이 사람들의 꿈을 이루는 도구로 쓰이길….

나의 유익보다 돈보다 중요한 것

직장사역연구소에서 직장인 대상의 선교 프로그램을 들은 적이 있다. 최영수 목사님이 강의 중 이런 질문을 던졌다.

"주님, 당신이 원하시는 나의 삶은 무엇입니까?"

목사님께 미안하지만 강의는 들리지 않고 이 질문에만 신경이 집중됐다. 강의가 끝나고도 질문을 메모지에 써서 차에 붙였다. 그리고 계속 되뇌었다.

"주님, 당신이 원하시는 나의 삶은 무엇입니까?"

몇 달 동안 외우듯 중얼거리니 머릿속에는 계속 다른 질문들이 연달아 끊이질 않았다.

'하나님은 양모 이불 사업을 원하시는가? 하나님이 정말로 원하셔서 나는 이 사업을 하게 됐을까?'

'아닌데, 이건 그냥 내가 좋아서 하는 일이지.'

'어렸을 때 꿈은 양모 이불 사업이 아니었고, 양모 이불을 원하지도 않았는데, 왜 이 사업을 하게 되었을까?'

질문하고 또 질문했다. 그러다가 주님이 원하시는 내 삶이 양모 이불 사업일 수밖에 없는 이유를 발견했다. 모든 곁가지를 걷어 내고 집중해서 생각해 보니 그냥 허망할 정도로 결론이 간단했다. 나는 이미 나도 모르게 양모 이불을 좋아하고 있었다. 어딜 가나 양모 이불을 싸 들고 다니는 내 모습에서 답을 찾은 것이다. 나는 양모 이불과 한 몸이 되어 있었다. 떼어 내려 해도 떼어 낼 수 없을 정도로 말이다.

나는 양모 이불이 왜 좋을까? 양모 이불은 하나님의 창조 질서와 사람을 살리는 일에 위배되지 않는다. 그러면 해도 된다. 아니, 해야 한다. 내가 가진 책들은 주로 그 방법론에 관한 것들이었다. 그런데 방법론은 하나님의 말씀 속에도 있다. 그렇다면 '방법을 찾고, 세부 계획을 세우고, 실행하기만 하면 되는구나!'라는 결론을 내렸다.

방선기 목사님께 배운 방법론 가운데 다음과 같은 것이 있다.

돈 → 일 → 나
주님 → 나 → 일 → 돈

세상은 '돈'을 기준으로 내가 하는 '일'의 가치를 평가한다. 그러고 나서 '돈'과 '일'이 '나'의 가치를 평가한다. '나'의 가치는 제일 후순위의 일이다. 그러나 그 순서가 바뀌어야 한다. '나' 자신이 먼저 가치가 있어야 그 사람이 하는 '일'이 의미가 있다. 그 '일'을 통해서 얻는 '돈'이 가치가 있다. '나'에 대한 가치는 '하나님'에게서 온다. 결국 '돈'은 '하나님'이 주신 것이니까 욕심부리지 않게 된다.

이 얼마나 정확한 지침인가! 안타깝게도 많은 사람이 간단한 이 사실을 잊고 산다. 세상 사람들은 돈을 가장 중요하게 생각하고, 어떤 일이 돈을 벌 수 있는지 따지고, 내가 그런 일을 하는지 여부에 따라 나의 가치를 평가한다. 그렇다면 '돈을 벌고 성공하는 일'이라면 무엇이든 해도 되는가?

60대 중반의 어떤 남성이 대리점을 하고 싶다고 찾아왔다. 그분은 이미 아들을 시켜서 우리 대리점을 한 번 했었다. 그런데 본사와 대리점이 서로 잘 맞지 않았다. 다른 사업과 메리퀸을 겸했는데 메리퀸의 지도를 잘 따라오지 않았기에 계약을 끝냈었다.

"사장님, 연세가 있으신데 언제까지 하실 계획이세요?"

"한 5년 정도 하지 않을까요?"

"5년이요? 이후로는 자식들한테 물려줄 생각인가요?"

"글쎄요, 별로….'"

"그러면 저 대리점 못 줍니다."

"무슨 소리요? 다른 조건은 다 맞아 결격 사유가 없는데 나이가 많다고 안 줍니까?"

"사장님, 저도 투자하는 겁니다. 대리점을 죽도록 가르치고 판매 관리해서 5년 만에 끝내라고요? 5년 보고는 못합니다."

"그것 참…. 다른 방법이 없겠소?"

"남의 자식도 자식이지요. 남은 믿을 수 없다는데 그렇다면 저는 회사를 어떻게 운영할 수 있겠어요? 직원들은 다 남이니 직원들을 모두 믿을 수 없다면요? 만약 사장님이 남도 내 자식같이 키워서 물려주겠다 하시면 대리점 드릴게요. 그러면 계속 연속선상에서 하시는 거니까요."

"메리퀸, 참으로 독특하네요. 나도 돈을 떠나서 꼭 좀 이 시스템을 경험하고 싶어요. 그렇게 합시다."

조건 맞으면 하고 안 맞으면 안 하는 거지만, 나는 근본적으로 대리점 계약을 하기까지 꽤 까다롭게 군다. 대신 일단 시작하면 함께 갈 영원한 가족, 동반자로 생각하고 어떡하든 끌고 간다.

"본사도 완벽하지 않습니다. 허물이 많지요. 저희 직원들도 실수 많이 합니다. 사장님이 저희를 '내 동생이다' 여기고 허물을 덮어 주시고, 본사도 사장님이 '내 식구다' 하고 허물을 덮어 주는 관계였으면 좋겠습니다. 그래서 진심으로 가족이 되기를 원합니다."

나는 나보다 나이가 더 적으면 동생, 나보다 나이가 더 많으면 내 오빠처럼 대한다. 계약과 동시에 대리점을 한식구라고 생각하니까 안되면 안되는 대로 가슴 아프고, 잘되면 감사하다. 꼭 여러 자식을 둔 부모의 심정이다.

본사는 제품을 고객에게 소매 판매하지 않는다. 그런데도 굳이 나한테 사겠다는 사람이 있다. 그러면 일단 매출이 부족한 대리점 이름으로 출고하고, 돈을 받아 대리점으로 송금한다. 그러면 대리점에서 전화가 온다.

"사장님, 우리가 불쌍해 보였어요?"

그러면 나는 이렇게 부탁한다.

"마진 남은 것으로 부모님 내복 사서 갖다 드리세요."

그러면 백이면 백 모든 대리점이 그대로 실행한다. 그 돈으로 술을 사 먹거나 옷을 사거나 하지 않는다. 사다 드렸더니 부모님이 좋아하시는 모습을 보고 자기도 기뻤다고 전화가 온다.

장사하면서 "돈 벌고 성공하는 일이라면 나는 무슨 일이든 하겠다!"는 불타는 의지보다 "내가 이 땅에 왜 왔는가? 내가 가는 이 방향이 맞는가?"가 훨씬 더 중요하다. 속도보다 방향이 더 중요하다. 방향이 잘못되면 열심히 할수록 더 빨리 망한다.

내가 만약 돈 많이 벌고, 크게 성공하는 일만 하겠다고 생각하고 본사와 대리점과의 관계를 운영했다면 과연 함께 행복한 길을 맛볼 수 있었을까? 아닐 것이다. 만약 나만 성공하는 일만 했다면,

더 좋은 차를 타고 여기저기 고개를 더 빳빳이 들고 다니고 가는 곳마다 사람들에게 상찬과 아부의 말은 들었을 것이다. 그러나 하나님의 나라가 실현되지는 않았을 것이다. 양모 이불 사업을 통하여 남의 유익을 구했더니 모두가 함께 가는 기쁨의 길이 펼쳐졌다.

"내 뜻대로 마옵시고 주님 뜻대로 이루소서."

내 기도보다도 주님이 나의 앞길을 더 잘 아신다. 잊지 말아야한다. 나보다 더 중요한 분은 주님이시다.

성공하려면 어떻게 해야 하는가?

창조주 하나님은 내게 달란트를 주셨다. 내 달란트가 무엇인지 아는 것은 하나님의 뜻을 아는 것이다. 나는 남 돕기를 좋아하고 재미있고 추진력이 있으며 중재를 잘한다. 나는 이런 달란트가 있는 반면, 못하는 것도 많다. 치밀함과 철저한 준비, 꼼꼼함은 부족하다. 나의 장단점을 잘 안다면 일의 반은 성공한 거나 마찬가지다.

또한 내 달란트를 알고 목표가 생겨도 이 목표가 하나님 창조의 기준에 맞는지, 인간을 살리는 일인지 가장 먼저 검토해야 한다. 성향상 당장 뛰어나가 일을 시작하고 싶지만, 충동을 꽉 억누르고 점검하는 시간을 가진다.

메리퀸의 목표인 "온 인류가 양모 이불을 덮을 때까지"를 예를 들어 점검해 보자. 두 가지를 물을 수 있다. 우선, "그 목적이 하나님 창조의 기준에 맞는가?" 물을 수 있다. 양모는 양의 부산물로서 친환경적이므로 하나님의 창조 질서에 위배되지 않는다. 두 번째로 "인간을 살리는 일인가?" 점검할 수 있다. 양모 이불은 사람들에게 쾌적한 잠자리를 제공하여 육신의 건강을 회복시키니 인간을 살리는 일에 위배되지 않는다.

이것은 프랑케나(W. K. Frankena) 모델을 통해 나의 목표를 점검하는 방법이다. 이상이 없으면 방법을 찾아 세부 계획을 세워서 실천하면 된다. 세부 계획은 지식의 도구들, 즉 책에 다 있고 관련된 좋은 강의를 찾아가서 열심히 듣고 배우면 된다. 실천은 역할 분담으로, 또 역할 분담을 하되 강점을 기준으로, 내가 잘하는 것은 내가 하고 못하는 것은 위임하면 된다.

다음은 내가 경험한 성공 사례를 통해 '성공에 필요한 요인 7가지'를 열거한 것이다.

첫째, 나의 달란트를 파악하여 목표 실행하기

내가 뭘 잘하는지, 내가 뭘 못하는지 알아야 한다. 자꾸 반복해서 전하는 이유는 그만큼 중요하기 때문이다.

주의할 사항은 남 돕기를 잘한다고 해서 외상 주고 그냥 퍼 주고 원칙에 어긋나게 깎아 주는 것은 금물이다. 이것이 남 돕기를 잘하는 사람들이 사업할 때 빠지기 쉬운 함정이다. 개인 성품으로는 장점이지만 사업하는 사람에게는 분명한 단점이다.

　이렇게 해도 저렇게 해도 안 풀리는 어떤 대리점 사장님이 있었다. 사람은 좋은데 본사가 주는 피드백에 대해 트집을 잡곤 했다. 그러다가 상권이 변해서 메리퀸을 접었다가 얼마 후 다시 대리점을 달라고 찾아왔다.

　"이젠 본사가 하라는 대로 할 테니까 믿고 시켜 줘요."

　사장님을 믿고 다시 대리점을 주었다. 그런데 이번에는 웬일인지 대리점 매출이 많이 올랐다. 게다가 다른 대리점을 일부러 찾아가서 장사법도 알려 주는 것이다. 환골탈태도 이런 환골탈태가 없다.

　"다른 대리점들을 보니까 과거에 내가 잘못한 것이 보입니다."

　보고 있자니 답답하여 직접 가서 자기 경험을 들려주었다고 한다. 중요한 것은 방향이 잘못되었음에도, 알려 줘도 대부분 못 알아듣거나 고집을 피우더라는 것이다.

　"그 모습을 보니 예전에 호 대표님이 나를 보고 얼마나 답답했을까 싶더라고요."

　무엇이 문제일까? 나를 객관적으로 보지 못하기 때문이다. 나의 달란트를, 나의 장단점을 빨리 파악하지 못하니 내가 잘하는 것은 엄청 잘하는 거 같고, 내가 못하는 것은 남들이 훼방을 놓아 그런 것처럼 보인다. 내 달란트를 제대로 파악하여 넘치는 점은 조절하고 부족한 점은 하루빨리 보강해야 한다. 남 탓이나 하고 자기 객관화를 못하면 무슨 일을 해도 말짱 '꽝'이다.

둘째, 지혜(지식)를 배워 실천하기

O대리점주는 "나는 나이도 많이 먹고 책도 잘 못 본다"고 입버릇처럼 말하면서도 질문을 멈추지 않는다.

"이런 건 어떻게 팔아요?"

"이런 건 어떻게 전략을 짜는 거예요?"

방문해서도 묻고, 전화로도 묻는다. 그는 배우면 배운 그대로 따라 한다. 고객 관리도, 매장 전시도, 재고 관리도 배운 그대로 따라 한다. 내가 비결을 물었다.

"어떻게 그렇게 많이 팔았어요?"

"그냥 가르쳐 주는 대로 배워서 손님한테 써먹었더니 먹히대요."

정말 가르치는 맛이 난다. 다른 대리점에게도 물론 가르쳐 주지만, O대리점주에게는 더욱더 꼼꼼하게 가르쳐 준다. 배운 대로 바로 현장에서 실천하기는 말은 쉬워 보여도 절대 쉽지 않은 일이다. 물을 그릇에 가득 담아 뒀어도 땅에 쏟아부어야 곡식이 무럭무럭 자라듯이 머릿속에 가득 찬 지식도 현장에 쏟아부어야 열매가 맺힌다.

셋째, 두 배 이상 빠르게 일하기

빠른 것도 능력이다. 다른 능력이 부족하면 부지런히라도 해야한다. 시간을 효율적으로 사용하고 모든 일에 생산성을 높이고 싶으면 일상적이고 반복적인 일에서 시간을 아끼면 된다. 능력이 출중한 사람을 따라잡으려면 남보다 최소한 두 배는 빨라야 한다. 그 차이를 메워야겠다고 각오해야 한다.

넷째, 죽을힘을 다하여 나를 이기기

남을 이기는 것도 중요하나 나를 이기는 것이 더 중요하다. 죽을힘을 다해서 나 자신과 싸워야 한다.

"반드시 내가 광야에 길을 사막에 강을 내리니"(사 43:19).

이 말씀을 붙잡고 주저앉지 않기 위해서 싸우며 기도하던 어느 대리점주가 있었다. 동생들에게 맡긴 매장을 다시 넘겨받을 수밖에 없는 상황이었는데 높은 임대료에, 매월 생기는 적자가 걱정이었다. 거기다 실행력과 리더십도 부족해서 매장 운영이 힘들었다. 무엇보다 본인 스스로가 사업에 자신이 없었던 것이 큰 장애물이었다.

힘든 상황 중에도 말씀을 붙잡고 있는 점주를 보니 어떻게든 돕고 싶었다. 환경의 변화보다 자신의 나약함부터 극복하는 게 우선이었다.

대리점주와 전국 대리점을 같이 견학하며 다른 대리점주들과 이야기를 나누게 했다. 잘 안되던 대리점 위주로 다니며 그들이 어떻게 어려움을 극복했는지 이야기했다. 시간이 지날수록 주눅이 들었던 얼굴에 활기가 돌기 시작하더니 한번 해 보겠다는 자신감을 비치기 시작했다.

"예전엔 매장에만 나오면 다리가 후들거리고 맥이 빠졌었거든요. 손님이 와도 반갑지 않고요. 그런데 다른 대리점을 돌아보니 사연 없는 곳이 없더군요. 다른 이들이 어려움을 극복하고 열심히 사는 모습을 보니 포기하려는 나의 나약함을 이기는 게 가장 중요하다는 걸 깨달았어요."

이 점주는 내부 인테리어를 새롭게 한 후 심기일전하여 사업을 시작했고 지금은 열심히 남부럽지 않게 매장을 운영하고 있다.

나를 이기지 못하면 남을 이길 수 없다. 나의 문제점을 극복하지 못하면 다른 사람과의 부딪힘은 해결되지 않는다. 문제가 있다면 늘 나를 먼저 돌아보면서 해결의 출발점을 삼아야 한다.

다섯째, 타인을 배려하고 섬기고 사랑하기

"네 이웃을 네 자신같이 사랑하라"(마 22:39).
"누구든지 자기의 유익을 구하지 말고 남의 유익을 구하라"(고전 10:24).

목표 중심, 효율 중심으로 매장을 운영하는 것은 필요하다. 그러나 사람 사이의 정과 따스함이 배제되면 그 사업장은 한계에 부딪힌다. 고객을 진심으로 대해야 고객의 마음을 얻는다.

높은 목표를 실현하기 위해 열심히 일하며 매출을 꽤 올리던 대리점이 있었다. 다른 대리점은 전 품목 세일을 진행하는데 그 대리점은 부분 세일을 한다. 신상품은 세일 대상이 아니고 철 지난 상품만 세일해 판다. 처음엔 매출이 잘 오른다. 그러나 고객은 한 번 속지 두 번은 속지 않는다. 다른 대리점의 세일 폭과 상품 구성을 알게 되는 순간, 이 대리점에 두 번 방문하는 고객은 없다. 고객을 진심으로 배려하지 않으니 단골손님이 없다. 단골을 만들지 못하는, 고객의 마음을 얻지 못하는 매장은 한계가 있는 것이다.

고객이 이 사업장은 고객을 진심으로 대하지 않고 그저 돈 나오는 대상으로 여기고 있음을 깨닫는 순간, 그 매장은 망하는 길로 들어선 것이다.

여섯째, 좋은 사람을 붙여 주는 이는 하나님이심을 알기

성공할 팀과 좋은 사람을 붙여 주는 분은 하나님이시다. 아무리 조심해도 속이려고 아예 작정한 사람은 누구도 못 막는다. 물론 마음이 올바르게 서 있으면 속임수가 발붙이기 힘들지만, 사람도 흔들릴 때가 있다. 그때에 바로 사기꾼이 비집고 들어온다. 그러니 그리스도 안에서의 만남을 구해야 한다. 건강한 사람을 만나는 것은 하나님의 은혜다. 주님의 은혜로 좋은 사람을 만나 한 사람의 인생이 펼 수 있다.

일곱째, 말씀이 기준이 된 삶을 살기

메리퀸은 경영 방침이 기독교에 바탕을 두고 있기 때문에 그 파트너인 대리점도 같은 그리스도인이면 성공할 가능성이 훨씬 높다. 말씀 묵상은 모두의 생각을 한 방향으로 같게 만든다. 한 방향이면 각자 달란트가 달라도 효과는 엄청나다. 그 힘은 강해진다.

하나님의 말씀은 진리다. 사장의 법보다 진리의 법이 우선이다. 내가 어느 날 회사에 가니 전 직원이 한 줄로 서서 "어서 오십시오!" 하고 인사한다. 또 내가 퇴근할 때는 "안녕히 가십시오!" 인사한다. 내가 "어디서 그렇게 배웠냐? 하지 마라" 했더니 한 직원이 말하길, 다른 회사는 그렇게 한다는 것이다.

워크숍을 갔는데 어느 회사는 사장이 오기 전에 직원들이 먼저 와서 대기하다가 사장이 도착하면 "일동 기립!" 하고, 사장이 자리에 앉으면 "일동 앉아!" 하고, 사장이 먼저 수저를 들어야 직원들이 밥을 먹는다고 했다. 그런데 우리 메리퀸은 사장이 앉기도 전에 직원들이 먼저 먹지, 사장 자리도 제대로 안 마련해 놓지, 더군다나 돌아가면서 한마디씩 하라고 했더니 다들 좋은 말만 하는 것이 맘에 안 든 신입사원이 당차게 다들 내숭 떤다고 하질 않나, 도무지 회사 기강이 엉망이라 자기 딴에는 너무 기가 막혔단다.

내가 한마디 했다.

"사장한테 잘 보일 필요 없어요. 하나님한테 잘 보이세요. 그러면 안 잘려요. 가장 공정한 것은 하나님의 법이니 우리 모두 하나님의 말씀을 기준으로 열심히 살자고요."

　중요한 것은 지위가 아니라 역할이다. 이걸 잊지 말아야 회사가 삐걱대지 않고 잘 굴러간다. 생각이 다르고 자라 온 환경이 다른 직원과 대리점주들을 하나로 묶는 것이 하나님의 법, 하나님의 말씀이다. 그래서 힘들어도 아침마다 큐티를 하고 다른 이들과 나눈다. 내가 반드시 해야 할 일이다.

사기업 나눔, 어떻게 실현해야 하는가?

"희망의 양모 이불 나누기"는 어려운 이웃에게 양모 이불을 나누기 위해 시작한 사업이다. 회사의 재고 원단과 자투리 등을 활용해 공장이 한가한 때를 이용하여 만든다. 어려운 이웃들에게 양모 이불을 나눌 수 있으니 좋고, 회사는 원단을 알뜰하게 활용하니 좋고, 공장은 가동률을 높일 수 있으니 그야말로 일석삼조인 셈이다. 비용은 내 수입의 십일조를 별도로 적립했다가 사용한다. 회사가 너무 손해나면 안 되기 때문이다.

　처음에는 태백사회복지회에만 전달했는데 그간 수요가 늘어서 제대로 소화하지 못했다. 수량이 늘어나다 보니, 열성이 있는 대리점과 함께하기로 했다. 매월 한 구좌에 10만 원씩 동참하고, 연말이 되면 지역별 대리점들에게 10만 원가량의 양모 이불 20채를 나눠 준다. 각 대리점은 그 이불을 지역 사회의 어려운 이웃들에게 전하며 선한 일을 하는 것이다. 대리점이 이불을 전달하는 방법은 다양하다. 찾아가기도 하고 봉사 단체에 일괄 기증하기도 한다.

희망의 양모 이불 덕에 복지 대상자를 발굴하기도 했다. W대리점주가 양모 이불을 들고 어느 집에 갔더니, 빈곤한 가정임에도 기초생활수급자가 아니었다. 집 청소까지 깨끗이 해 주고 시청에 얘기해서 수급자 지정을 받도록 도움을 줬다.

지역 봉사 단체에 기증할 때는 전달 과정을 모두 사진으로 찍고 영수증 처리를 해서 투명하게 운영한다. 남을 도와주니 즐겁고 미담으로 지역 신문에 나오니 광고 효과도 나서 이래저래 희망의 양모 이불 나누기에 대한 대리점들의 호응은 아주 좋다.

처음에는 희망의 양모 이불을 '구제'의 의미로 나누었다. 그러나 건국대학교 최명덕 교수님이 강의 "유대인 이야기"에서 말하길 구제는 나를 올리고 상대를 내리는 격이지만, 선물은 나도 올리고 상대도 올리는 일이라고 했다. 이스라엘에서는 가게들이 문을 닫을 때 팔다 남은 식품 재료 등은 1인분씩 포장해서 매장 밖에다 내놓는다고 했다. 그러면 필요한 사람들이 부끄럽지 않게 가져간다는 것이다. 맞다. 근본적인 구제는 하나님이 하시는 것이니, 구제가 아니라 선물이 합당하다.

사람은 그 미래가 풍요롭게 될지, 가난하게 될지 아무도 모른다. 기업도 마찬가지다. 따라서 기업은 구제 사업을 지양해야 된다는 것이 내 기본 생각이다. 이익을 내야 하는 사기업이 퍼 주기만 하면 망한다. 그냥 주는 것도 문제요, 안 주는 것도 문제다. 어떻게 해야 할까? 일단 사회에 빚지지 않은 기업은 없기에 사회를 위해 공헌을 해야 한다. 단, 무작정 나누면 끝이 안 좋으니 각자가 처한 여건을 잘 활용해야 한다. 메리퀸은 원단의 재고가 남고, 공장이 한가할 때 희망의 양모 이불을 만든다. 돈이 없는 사람은 비싸서 살 엄두도 나지 않던 양모 이불을 사용할 수 있으니 서로가 유익하다. 희망의 양모 이불 나누기는 매뉴얼도 만들어 놓았다.

각자 잘하는 게 다르다

호 이사는 분석적, 원칙적이다. 전략가이며 지혜로운 사람이라 다른 회사에서 메리퀸은 어떻게 그렇게 효율적으로 일하냐고 물으면 나는 "호 이사가 있어서"라고 답한다. 호 이사는 행동이 앞서는 내가 배운 것을 바로 적용하려고 해도 바로 사용하기보다 뜸을 들인 다음 사용하도록 돕는다. 관련 책을 사서 직원에게 읽게 하여 분위기를 만들고 3, 4개월 시간을 들여 써먹는다. 호 이사에게 배운 것은 기다리는 법이다.

처음엔 의사 결정을 서로 하려고 싸웠다. 호 이사는 못하게 하고 나는 하려고 했다. 그러나 누군가 하나가 독단으로 결정하면 판단이 잘못될 위험이 높다. 호 이사가 의견을 물어도 내 의견을 강요하지 않게 되었다. "내 생각인 이러한데, 네가 결정해라. 이 주제로 고민을 많이 한 건 너일 테니까" 하고 말해 줄 뿐이다. 그동안 소소하게 있던 의견 대립에서 찾은 최선책이다.

결정하기 어려운 일은 똑똑한 호 이사도 쉽게 결정을 내리질 못한다. 토요일에도 나오고 집에 가서도 잠도 안 자고 연구한다. 나는 의사 결정을 위임했으니 옆에서 지켜보며 내 경험을 이야기하는 정도에 그친다. 결국 호 이사를 비롯하여 직원 모두가 판단력을 기르게 되고, 책임지고 자력으로 일이 되게 만든다.

대표라는 이름으로 자신 없는 분야에 나서며 전지전능하신 하나님을 흉내 내려고 하면 안 된다. 그러다가 다 망한다. 대표가 "A를 해라", "B를 해라", "C를 해라" 하고 의사 결정을 하면 직원은 그대로만 진행하고 아무것도 안 한다. 그러나 직원 스스로가 의사 결정을 하면 책임이 생기니 결국 일이 실현되게 만든다.

결국 의지할 것은 영원히 변치 않은 하나님의 말씀뿐이다. 말씀 묵상을 통해 주님의 말씀을 의지하며, 모든 것이 하나님의 통제권 아래 있음을 인식하고 하나님의 자녀답게 대응하려고 노력한다. 이 세상 어느 것도 안전한 것은 없다. 주님의 날개 밑이 가장 안전하다.

지식의 거지

나는 현재까지도 '지식의 거지' 노릇을, 그것도 아주 당당하게 하고 있다. 배워서 여기저기 써먹고, 때로는 돈 안 들이고 공짜로 배워서 나의 일에 적용하는 것이다. 이러한 지식의 거지 노릇을 하려면 사람을 잘 만나야 한다. 살면서 어떤 사람을 만나는지가 중요함을 매일 경험한다.

어느 날 시간 관리 플래너 3P바인더를 만든 강규형 대표님이 책 한 권을 내게 주었다. 책 읽는 것을 썩 좋아하지는 않아 나중에 읽자는 생각으로 구석에 처박아 두었다. 강 사장님과 다시 만나니, 읽고 무엇을 느꼈는지 얘기해 달라고 해서 아직 안 읽었다고 솔직히 말했다.

"아이구, CBMC에 한 번만 와 보세요. 너무 좋아요."

하도 권하기에 그 말 듣고 CBMC에 갔는데 거기서 강의를 듣고 필(feel)을 받게 될 줄은 몰랐다. 처음 갔을 때 한홍 목사님의 강의를 들었는데 어찌나 감동이 되던지, '와, 저런 걸 다 가르쳐 줘?', '기업에 당장 써먹을 수 있겠네. 갑갑한 부분은 저렇게 하면 되겠네' 하는 생각이 절로 들었다.

그 당시 사업을 하는 그리스도인으로서 고민이 많았다. 그중 기초적인 고민 중 하나가 마진의 문제였다. 그리스도인이면서 비즈니스를 하는 나에게 마진은 어떤 의미인가? 내가 사랑하는 사람들한테도 마진을 붙여야 한다는 것에 양심의 가책을 느꼈다. 마진을 드러내 놓고 말하지는 않으니 어찌 보면 상대를 속이는 것 같고, 상대를 속여야만 내가 마진이 남고, 그래야 내가 먹고사는 것이 비참했다. 배우지 않았던 나는 이익은 얼마를 남겨야 하는지도 잘 몰랐고, 시장 조사며 사람 관리, 상대방 파악도 할 줄 몰랐다.

CBMC 이랜드 비즈니스 스쿨에 배우러 가 보니까 거기에 나의 고민을 해결해 주는 강의가 수두룩했다. 이미 속속들이 알고 있다는 듯 나의 고민을 건드려 주는 여러 강의들이 있었다. 목마른 자가 물 만난 것 같은 기분으로 강의를 듣고 또 들었다. 강의를 들으면 머리가 시원해지는 느낌이 들었고, 계단을 오를 때 다음 계단을 올라가야 하는데 내가 너무 다리가 짧아 올라가지 못할 때, "왜 헤매세요? 이렇게 올라가면 되잖아요?" 하고 누군가 방법을 알려 주는 기분이었다. 지식을 배워서 아는 것도 송이꿀같이 달콤한데 거기다 하나님의 진리가 바탕이 되었으니 더욱더 송이꿀같이 달콤했다.

선교사들에게 비즈니스를 가르치는 교육 과정인 열방네트워크(BTC)의 비전MBA에서 배운 것들이 기억이 난다. 강의 내용에 보면 '실패하지 않는 습관'이 있다. 부지런하고, 신용카드를 함부로 안 쓰고, 너무 터무니없는 치명적인 실수를 하지 않으면 실패하지 않는다. 사람들이 실패하고 망가지는 이유는 잘못된 습관의 유혹 때문이다. 쓰는 것이 버는 것보다 적으면 실패는 하지 않는다. 그

것이 습관이 되면 실패하지 않다.

하지만 그렇다고 모두가 성공하는 것은 아니라는 생각이 들었다. 성공하려면 성공하는 역량을 키워야 한다. 즉 적극적으로 배워서 능력을 키워야 한다. 어느 나라든지 교육 시스템이 잘되어 있는 나라가 잘살듯이 교육을 잘 받은 사람이 능력을 키우고 잘살 가능성이 높다. 또한 돈 벌어서 성공하더라도 성품이 좋아야 하고 가치관이 건강해야 된다. 마귀가 돈 없는 사람은 덜 유혹해도 돈 가진 사람은 심하게 유혹하기 때문이다.

이렇게 여기저기서 배운 것을 열심히 갈고닦아 써먹다 보니 매뉴얼대로 사는 삶을 넘어 어느덧 매뉴얼을 만드는 사람이 되고 있었다.

나는 회사 표어를 "능력 있는 메리퀸 공동체"라고 지었다. 이에 맞는 기도문을 쓰고, "겸손한 메리퀸 공동체", "섬김의 메리퀸 공동체"로 세부 내용을 잡고 명판으로 만들어 회사에 걸었다. 그랬더니 전 직원 중 누구도 나쁜 일 하자는 사람이 없었고, 남을 등치고 우리만 배부르게 잘살자는 사람도 없었다. 모든 것은 지향하는 대로, 말대로 된다.

성공하려면 능력이 있어야 하는 게 당연하다. 그런데 능력이 있으면 반드시 겸손해야 한다. 사도 바울이 "저는 약합니다"(고후 11:30 참고) 고백하는 것, 그것이 겸손이다. 능력이 있음에도 겸손하며, 겸손을 섬김의 차원으로까지 실천하는 공동체. 나는 메리퀸이 이런 공동체가 되길 원한다. 겸손해야 오래 지속 가능하다.

그래서 내 차 안에는 세미나 강의 CD가 많이 있다. 훌륭한 강의는 모두 CD나 도서로 구비해 이동 시에 듣는다. 그리고 적용할 점이 있다면 대리점에 내용을 전달한다. 대리점들이 대리점에 오시는 고객에게 실천하도록 계속 전달하고 또 전달하여 모두가 열심히 살아서 성공하길 소망한다. 그 축복의 통로 역할을 하는 게 나의 큰 즐거움이다.

나름 감명 있게 들은 강의 몇 가지를 소개하겠다. 이랜드에서 브랜드 로이드를 론칭한 경진건 전 대표이사의 마케팅 원리 강의, 김형곤 소장의 《CEO가정교사》(다산북스, 2007)에서 배운 마케팅 3단계, 3P바인더를 활용한 '3P자기경영'으로 대중에게 알려진 강규형 대표의 '꿈 리스트' 작성법, 벤자민 프랭클린이 휴대하고 다녔던 수첩에서 영감받아 만들어진 '프랭클린 다이어리'의 꿈을 이루는 프로세스, 다니엘 핑크(Daniel H. Pink)의 《새로운 미래가 온다》(한국경제신문, 2020)에서 배운 미래 트렌드, 이원복 교수의 《먼 나라 이웃 나라》 등이다.

강의와 책뿐만 아니라 교회 표어든, 괜찮은 것이 있으면 가져다 메리퀸의 꼴로 바꾸어 써먹는다. 그러나 그중에 가장 흠잡을 데 없는 인생 교과서는 성경이라 자부한다.

지식은 열심히 따 먹는 자의 것. 남들이 힘들게 평생 동안 쌓아온 지식을 거의 공짜나 다름없게 배워 써먹고 있으니 나야말로 복

받은, 행복한 '지식의 거지' 아닌가!

남들과는 한 끗 다른 실천

누군가는 마음먹으면 뒤도 안 돌아보고 돌진하는 나를 "실천의 달인"이라고 부른다. 맞는 말이다. 사실 나는 중학교를 중퇴했고 이해력이 부족해서 강의도 20-30번은 들어야 이해를 한다. 하지만 듣고 이해했다 싶으면 그대로, 우직하게 실천하는 것이 나의 강점이다. 늘 강의를 들을 때도 실천할 수 있는가, 없는가를 판단하며 듣는다.

이랜드 비즈니스 스쿨, CBMC 같은 곳에 가면 항상 좋은 강의를 들을 수 있다. 요즘 같은 세상에는 자기가 게으르고 노력을 안해서 못 배우는 것이지 마음만 먹으면 공부할 기회가 널려 있다.

강의를 듣고 공부하는 데 있어 나만의 비법이 있다. 강의를 듣고 실행하려면 우선 강의 내용을 확실히 이해해야 한다. 한 번만 들어서는 이해하기 어렵다. 여러 번 듣기 위해 책상 밑에 녹음기를 놓고 녹음하고 반복해 듣는다. 얼마 전 스토리텔링 강의를 들었는데 한 번만 듣고는 '무슨 말이지?' 했는데 녹음된 자료를 세 번 들었더니 완전히 이해가 되었다.

강의를 듣고 나면 숙제는 누구보다 빨리, 바로바로 해서 이메일로 보낸다. 그때 현장 사진을 찍어 두었다가 잘 나온 것을 첨부해 보낸다. 강사님이 나를 확실히 기억해 준다. 그러면 그분은 나에게 하나라도 더 가르쳐 준다.

필(feel)이 오는 강사는 꼭 찾아간다. '저분은 진짜다. 저분은 배울 것이 있다'는 생각이 들면 바로 이불을 들고 찾아간다. 이쯤 되면 강사님도 이렇게 말한다.

"필요한 거 있으면 얘기하세요."

교육도 교육이지만 사람과 사람 사이의 관계 형성도 중요한 것이다. 그렇다고 내가 공부를 게을리하는 건 절대 아니다. 누구보다 열심히 강의를 듣고, 열심히 과제를 하고, 게다가 하나라도 더 알기 위하여 강의 시간 외에도 찾아간다는 얘기다.

강의는 듣고 바로 실행할 수 있는 것이 있고, 내공을 닦아야 실행할 수 있는 것이 있었다. CBMC 비전스쿨에서 만난 어떤 분이 자기 명함에 "섬김이 ○○○"라고 새겨 다니는 것이 좋아서 나도 얼른 따라 했다. 이러한 예는 바로 실행할 수 있는 것이다. 그러나 마케팅 전략 수립 같은 것은 내공을 닦아서, 내 환경에 맞게 재창조해야 쓸 수 있다.

회사를 운영하는 내 입장에서는 배운 걸 회사 경영에 적용해야 배운 의미가 있다. 그러려면 전 직원에게 전달하고 선포해야 하는데 선포하기 위해서는 먼저 내용을 잘 정리한 후 정확하게 실행안을 뽑아야 한다. 이를 위해 미리 전달 강의를 해 보는 것이 좋다.

나는 어머니를 상대로 연습한다. 어머니가 알아들으시면 전 직원도 당연히 알아들을 것이다. 혼자 하는 강연을 녹음해서 열 번 이상 듣고 연습한 후에 전 직원에게 선포한다. 다들 무리 없이 잘 알아듣고 실천해 주었다.

잊지 말아야 할 것은 어제 성공한 것이 오늘도 꼭 성공하리란 보장은 없다는 것이다. 늘 재창조하고 버전 업 해야 한다. 남의 지식을 내 지식으로 만들고 내 스타일에 맞게 창조하는 것은 기본, 늘 업그레이드해야 나만의 강점으로 온전히 쓸 수 있다. 이랜드 비즈니스 스쿨에서 "본·깨·적"을 배웠으면 그것을 "본·깨·적·보"로 업그레이드하고 메리퀸의 미팅과 교육에 적용한 것처럼 말이다. 버전 업 하고 나에게 맞춰야 비로소 내 강점이 된다.

삶을 점검하는 체크리스트

신갈렙 선교사님과 성경을 공부했다. 데살로니가전서 2-5장에서 사도 바울이 말했다. "나는 악한 생각을 하지 않았고, 나는 상대방을 속이지 않았고, 나는 하나님을 기쁘시게 했고…" 갑자기 한 가지 생각이 머리를 스치고 지나갔다.

'옳거니, 데살로니가 말씀으로 나만의 체크리스트를 만들 수 있겠구나.'

"나의 말이 타인을 격려하기 위한 것인가?"

"예스!"

"나는 거짓을 말했는가?"

"노!"

"나는 악한 생각을 품었는가?"

"노!"

"나는 하나님을 기쁘시게 했는가?"

"아, 기쁘시게는 완전하게 못했습니다. 내일 좀 더 기쁘시게 해 보겠습니다."

이런 식으로 체크리스트를 만들어 책상 앞에 붙여 놓고 삶을 점검했다. 그런데 "나의 생명을 기꺼이 내어 줄 수 있는가?"란 질문에서 탁 걸리고 말았다. 사랑하는 사람을 위해서 목숨을 거는 것은 괜찮지만, 내가 미워하는 사람, 상관없는 사람을 위해서는 목숨을 걸기가 싫었기 때문이다.

며칠을 묵상했다. 그러다가 하나님의 "네 생명은 내가 주관하지 네가 주관하냐?"란 말씀에 정신이 번쩍 났다. 내가 교통사고로 죽을지, 병으로 죽을지 어떻게 알겠는가? 내가 누구를 위해 목숨을 건다면 다른 사람도 그만큼 걸지 않겠는가? 목숨을 건 신뢰가 어디까지인지 묵상할수록 생각이 깊어졌다. 이것은 차원이 다른 신뢰인 것이다. 만일 고객을 위해서 내가 목숨을 건다면 고객은 나에게 어떻게 하겠는가? 결국 "주님, 어차피 여행길인데 제 목숨

을 걸겠습니다"라고 고백했다. "대리점들을 위해서 제 목숨을 걸
겠습니다" 하고 다짐했다.

다음에는 "자신의 몸을 거룩하고 존귀하게 사용했는가?"라는
질문에 걸렸다. 생각해 보니 나 자신을 위해 한 것이 없었다. 체크
리스트 점검을 핑계 삼아 스스로를 존귀하고 거룩하게 여기기 위
해 "호미해, 너 참 수고한다" 칭찬하면서 그 참에 한복도 사고 머리
핀도 샀다.

우리는 물건이 잘 팔리면 기뻐한다. 아니다. 기뻐하는 것이 우
선이다. 그래야 성공한다. 말씀에도 나와 있다.

"항상 기뻐하라 쉬지 말고 기도하라 범사에 감사하라"(살전 5:16-18).

이 말씀은 메리퀸 매장의 전략과 전술과 정확히 일치한다. 웃
어야 기쁘고 기뻐해야 팔린다! 이래서 나는 늘 진리의 말씀을 찾
아다닌다.

말씀에서 서른두 개의 훌륭한 체크리스트가 완성되었다. 매일
의 삶을 점검하기 위해 체크리스트를 나침반처럼 사용한다면 길
을 잃고 헤매지 않을 것이다. 체크리스트를 주신 하나님께 감사드
린다.

데살로니가전서에서 뽑은 체크리스트

1. 나의 말이 타인을 격려하기 위한 것인가?	예 / 아니요
2. 거짓을 말했는가?	예 / 아니요
3. 악한 생각을 품었는가?	예 / 아니요
4. 상대방을 속였는가?	예 / 아니요
5. 하나님을 기쁘시게 했는가?	예 / 아니요
6. 하나님이 아닌 사람을 기쁘게 하고 마음을 사려고 좋은 말을 한 적이 있는가?	예 / 아니요
7. 돈 등 욕심을 채우기 위해 거짓된 행동을 했는가?	예 / 아니요
8. 다른 누군가의 칭찬과 아첨을 바란 적이 있는가?	예 / 아니요
9. 권위와 직위를 이용하여 짐을 지운 적이 있는가?	예 / 아니요
10. 온유한 마음으로 상대를 대했는가?	예 / 아니요
11. 자녀를 돌보는 어머니의 심정으로 상대를 대했는가?	예 / 아니요
12. 상대를 사랑하는가?	예 / 아니요
13. 상대에게 겸손한 마음으로 밝게 이야기했는가?	예 / 아니요
14. 상대에게 나의 생명을 기꺼이 내어 줄 수 있는가?	예 / 아니요
15. 열심히 일했는가?	예 / 아니요
16. 남에게 민폐를 끼치지 않도록 일했는가?	예 / 아니요
17. 거룩하고 흠 없이 바르게 살았는가?	예 / 아니요

18. 거룩하고 흠 없이 살았음에 하나님이 증인 되어 주시는가?	예 / 아니요
19. 아버지가 자녀를 대하듯이 권면하고 위로하며 돌보았는가?	예 / 아니요
20. 상대를 높이고 위로해 주며 하나님을 위해 선한 삶을 살아가도록 가르쳤는가?	예 / 아니요
21. 자신의 몸을 거룩하고 존귀하게 사용했는가?	예 / 아니요
22. 더욱 힘써 사랑을 베풀었는가?	예 / 아니요
23. 낮에 속한 사람이 되어, 정신을 똑바로 차리고, 믿음과 사랑의 갑옷을 입고, 구원의 소망을 투구로 썼는가?	예 / 아니요
24. 서로 화목하게 지냈는가?	예 / 아니요
25. 게으른 자들을 훈계하고, 마음이 약한 자들을 격려했는가?	예 / 아니요
26. 힘이 없는 자들을 도우며, 모든 사람을 인내로 대했는가?	예 / 아니요
27. 악으로 악을 갚지 말고, 모든 사람에게 선을 베풀기 위해 힘썼는가?	예 / 아니요
28. 항상 즐거워했는가?	예 / 아니요
29. 쉬지 말고 기도했는가?	예 / 아니요
30. 모든 일에 감사했는가?	예 / 아니요
31. 항상 즐거워하고 쉬지 말고 기도하고 범사에 감사하는 일이 그리스도 예수 안에서 우리를 향하신 하나님의 뜻인 줄 아는가?	예 / 아니요
32. 복음의 합당한 삶의 모습으로 살았는가?	예 / 아니요

하나님의 자녀로서 빛을 발하자

사도 바울의 말에서 체크리스트를 뽑았더니 그럴듯하고 좋아서 이번에는 성경의 모든 구절을 내 말로 바꾸고 싶은 교만한 마음을 가지고 창세기를 폈다.

"태초에 하나님이 천지를 창조하시니라"(창 1:1).

이 말씀을 내 말로 바꿔서 읽었다. "태초에 하나님이 호미해를 위해 천지를 창조하시니라." '이런, 이건 말이 안 되잖아.' 사도 바울의 말은 내 말로 바꿔 사용할 수 있었으나 하나님의 말씀은 감히 나의 말로 바꿀 수 없다는 것을 깨달았다. 전능하신 하나님의 말씀, 절대적인 그 말씀을 내 식대로 바꾸려 했던 나의 교만을 무릎 꿇고 회개했다.

"저녁이 되며 아침이 되니 이는 첫째 날이니라"(창 1:5).

그런데 창세기 1장도 못 넘어가서 1장 1-5절 말씀을 3-4개월 동안 묵상하게 되었다.

"태초에 하나님이 천지를 창조하시니라."

"태초에 하나님이 천지를 창조하시니라."

"태초에 하나님이 천지를….."

왜 다음 구절로 넘어가질 못하고 계속 도돌이표처럼 이 말씀에 머무는 것일까? 말씀이 너무 어마어마하고 장엄하여 기세에 눌렸던 모양이다. 마치 하늘에 닿을 듯한 산맥 앞에 서면 그 크기가 실감이 안 되어 멍하니 서 있게 되듯 말이다.

내가 죽기 전에 이 지구의 모든 곳을 갈 수 있겠는가? 지구의 모든 곳은 고사하고 이 광활한 우주도 갈 수 없을 것이다. 밤하늘에 반짝이는 별빛도 내가 골백번 고쳐 죽어도 가지 못할 만큼 먼 곳에 있다는데 나란 인간은 얼마나 작은 존재인가. 이렇게 광대한 세상을 만드신 하나님의 뜻은 얼마나 장엄한가. 내가 그런 분의 자녀라는 것은 또 얼마나 엄청난 일인가!

엄청난 능력이 있으신 하나님의 '자녀 됨', 나의 정체성의 영광을 깨닫는 순간이었다. 그러고 나서 창세기 1장 3절 "하나님이 이르시되 빛이 있으라 하시니 빛이 있었고"를 읽으니 당연하게 누리던 전깃불조차 의미 깊게 다가왔다.

그 당시 CBMC 한국대회의 주제 말씀이 "일어나 빛을 발하라"(사 60:1)였다. 나는 '이 말씀은 창세기의 빛과 똑같은 빛인데 서로 무슨 연관이 있는 걸까?' 하는 생각에 고심하다가 한 가지 깨달았다.

'빛을 발하라고 하시는데 그렇다면 내게 빛이 있다는 말이구나! 하나님의 빛 속에 나는 보통의 내가 아니라 엄청난 내가 아닌가! 하나님의 빛이 내 안에 있다면 그 빛을 가진 내가 구차하게 살면 안 되지 않을까?'

'하나님의 자녀', '빛의 자녀'라는 위대한 존재감에 나는 견딜 수 없이 마음이 뜨거워졌다.

'하나님의 자녀면 자녀답게 살아야지 못나게, 비겁하게, 추하게, 너절하게 살면 안 되는 거잖아! 빛을 발해야 한다. 또 이 빛을 나눠야 한다. 그리스도의 자녀가 다 함께 성공하도록 성공을 나눠야 한다.'

그 무엇으로 표현할 수 없는 감격스러움이 내 안에 가득가득 차올랐다. 성경 말씀을 내 식대로 활용해 써먹으려고 했던 개인적인 결심이 기회가 되어 말씀을 묵상하게 되었고, 이 일이 갑자기 이전에 없던 감동으로 밀려온 것이다. 지금까지 하나님 자녀로서 정체성 없는 삶을 살다가 말씀을 제대로 읽으면서 비로소 나의 정체성과 세계관을 돌아보게 되었다. 모두 하나님의 은혜였다.

한때 주님께 "당신이 원하시는 나의 삶은 무엇입니까?" 하며 수개월 동안 질문하고 다닌 적이 있었다. 기도 끝에 얻은 답은 '하나님 나라의 총체적 회복'이었다. 내가 할 일은 양모 이불을 도구로 삼아서 하나님 나라의 회복을 위한 사역에 동참할 일꾼을 찾아 열심히 노력하는 것이다.

내 삶에 하나님의 인도하심이 있었다. 뒤돌아보니 괴롭고 죽을 것 같은 순간에도 하나님은 함께하셨다. 어느새 나를 주님의 사역에 동참하는 영광의 길로 인도하고 계셨다. 하지만 하나님은 어쩌다 인도하시는 분이 아니다. 미리 계획하시는 분이다. 내가 지나온 길을 보니 의심할 여지없이 그렇다.

나는 하나님의 음성을 직접 들은 바는 없다. 듣고 싶고 보고 싶어도, 하나님은 들려주시지도 보여 주시지도 않는다. 그러나 들리지 않고 보이지 않아도 주님은 곁에 계셨다. 하나님의 자녀 됨과 빛의 자녀 됨을 말씀을 통해 가르쳐 주셨다. 나의 간절한 소망은 이제 언제나 주님의 사역에 동참하는 것이다. 사도 바울의 고백이 바로 나의 고백이 되었다.

"주여! 나의 나 된 것은 주님의 은혜입니다."

삶을 점검하는 성경 큐티

남양주온누리교회 양육자반에서 피현희 목사님에게 교육을 받았다. 이분의 설교를 들으면 가슴 저 밑바닥에서부터 뭉클하게 올라오는 무언가가 있었다. 목사님이 "하나님이 당신을 얼마나 사랑하시는지" 하면 갑자기 가슴이 찡하고, "하나님의 아들이 당신을 위해 죽기까지 하셨습니다" 이러면 눈물이 또르르 흐르는 것이었다.

교육 내내 툭하면 눈물이 흘러내렸다.

"오! 주여, 난 당신을 사랑한다고 해도 겨자씨보다 더 작았습니다. 용서하소서. 난 그동안 주님을 사랑한다고 외쳤습니다. 살다가 생각나면 주님을 사랑한다고 하고 마음은 조금만 사랑했습니다. 내 입으로 간증한 사랑이 너무 작아 죄송합니다. 내 마음의 문을 조금만 열고 주님의 사랑을 조금만 받은 것, 죄송합니다. 끝없는 바다 같은 주님의 사랑, 나는 바닷가 모래사장의 가장 작은 모래알 한 개 같은 이 사랑도 감당하기가 힘듭니다. 앞으로 오실 그분의 들메끈도 감당하기 어렵다 한 세례 요한의 말이 감동입니다.

주님, 이제 주님의 사랑을 마음껏 받겠습니다. 이제 내 마음의 문을 활짝 열겠습니다. 내 속에 주님의 영이 춤추며 찬양하시도록, 내 안에 내가 아닌 주님의 성령이 평안히 계시도록, 내 안에 자유롭게 운행하시도록, 주님이 다스리시도록. 나의 주인이신 주여, 말씀하소서. 주여, 역사하소서. 주여, 나 그 안에 살리니.

주님만이 내 모든 것 되시니 내 영혼이 주님 안에 인간답게, 진실하게, 아름답게, 영원하게 살리라. 천국 잔치를 위해 외아들을 희생시키신, 값진 비용을 치르신 십자가의 보람이 내 영혼을 통해 영광 받도록, 그리고 많은 영혼을 통해 영광 받으시도록 사도 바울처럼 나의 사도행전 29장을 쓰겠습니다. 주님의 영광을 위하여 모든 사람의 평안한 잠자리를 위해 온 인류가 양모 이불을 덮을 때까지 목숨을 걸겠습니다."

2007. 4. 29.

양육자반 교육 중 나의 고백

그 모임 당시 나의 큐티 파트너는 중학교 교사였다. 수업 중이면 큐티 나눔이 힘들다고, 서로 바쁘니까 문자로 나눔을 하자고 했다. 그런 방식으로 대리점도 큐티 문자를 나누었는데 점점 늘다 보니 300-400명에게 말씀 나눔 글을 보내게 되었다. 문자 비용만 월 20여만 원이 나갔다. 비용과 시간이 감당할 수 있는 한계를 넘어, 지금은 인원을 180여 명으로 줄였다. 아직도 꾸준히 계속 보낸다.

희한하게도 큐티를 나누면 오랜만에 만나도 어제 만난 사람처럼 서로 반가워한다. 큐티로 매일 만나니까 그런 것이다. 그래서 큐티가 좋은 것이다. 같은 말씀을 가지고 묵상을 시작하면 생각이 같아진다. 그러면 달란트가 달라도 방향과 결과물이 같아진다. 만약 한 공동체에서 저마다 사도행전, 요한복음 등 다른 말씀으로 큐티를 하면 방향이 다 다르다. 그러나 큰 틀에서 한 말씀으로 큐티를 해 나가면 생각과 방향이 같아지는 것을 느낄 수 있다. 사장, 직원, 대리점주 등 역할은 각자 달라도 생각이 같아지니 한마음이 되는 것이다. 그렇게 되면 말씀의 힘이 엄청나게 강해진다.

실제로 말씀 나눔이 영향력을 끼친 사례가 있었다. 어느 날 큐티를 하는데 고소와 관련된 말씀이었다. 그래서 "고소를 하시겠습니까?"라는 제목으로 가르침이 들어간 나눔을 공유했다. 그다음 날 어느 대리점에 갔는데 점주가 나를 보더니 말했다.

"사장님, 내가 고소하려고 하는 것 어떻게 알았어요?"

"예?"

"어제 문자 보냈잖아요. 내가 빌려준 돈 떼여서 내일 고소장을 접수해야지 생각하고 있었는데, 사장님이 보낸 문자를 읽고 무서워서 그만두었어요."

나도 무척 놀랐다. 말씀 나눔이 그런 식으로 힘을 발휘할 줄 꿈에도 몰랐던 것이다. 모든 게 잘 풀려 편안한 사람은 은혜를 안 받는데 힘든 사람은 문자에 은혜 받는 것을 경험할 수 있었다.

"사장님은 귀신이에요."

"아, 나 귀신 아니에요. 그것이 그날 〈생명의삶〉 큐티 말씀이었어요."

한번은 호텔에서 일하는 분이 꼭 만나자고 해서 찾아갔다. 그분도 내가 문자를 보내는 사람이었다. 그분은 나를 보자 매우 반가워했다.

"사장님, 말씀 나눔 문자를 보내 줘서 고마워요."

"왜요?"

설명인즉슨, 회사 상사가 자신을 괴롭혀서 회사를 그만두려고 했단다. '오늘은 사표 써야지' 마음먹으면 큐티 말씀 때문에 오늘 그만둘 것을 참고, '내일 그만두어야지' 하다가도 큐티 말씀 때문에 참았단다. 그렇게 하루하루를 견디며 몇 달을 지내다 보니 3개월이 흘렀고, 상사도 다른 곳으로 이직했단다. 자기도 더 좋은 데로 발령 나서 가게 되었는데 편하고 정년이 없는 데로 가게 되었다는 것이다.

"그때 보내 주시는 문자 덕분에 하루하루 견뎠습니다."

이 일을 하나님이 하셨지 내가 했겠는가! 나는 어떻게 보면 아무것도 아닌 일을 했는데 하나님이 이를 통해 사람을 살리시는 것을 보니 신기했다. '말씀이 그대로 이루어지는구나', '말씀이 사람을 살리는구나' 생각하며 감사 기도를 올렸다. 이래서 큐티를 안 할 수가 없다.

나는 사실 끈기가 부족하여 싫증 나면 바로 그만두는 성격에 가깝다. 그런데 이 큐티 문자를 그렇게 끈질기게 계속하게 된 이유는 안 하면 거꾸로 문자가 오기 때문이다.

"뭐 하느라 여태 문자를 안 보내 줍니까?"

특히 대리점 중에서 W대리점주는 가장 닦달이 심하다.

"우리, 아침에 이거 문자 가지고 직원들하고 하루를 시작하는데 뭐 하느라 아직도 문자를 안 주고 그러세요?"

그러면 나는 "알았어요. 얼른 해 보낼게요" 대답하고는 열 일 제처 두고 말씀 묵상을 하고 문자를 보낸다. 주변 사람들의 기뻐하는 모습에 이렇게 긴 시간 빠트리지 않고 계속할 수 있었다. 내가 끈기가 없을 때는 남을 통하여 묵상하게 하시니 이건 확실히 하나님이 하시는 일이다.

큐티를 하면서 늘 나 자신에게 질문한다.

"하나님이 주신 나의 인생, 방향에 맞게 가고 있습니까?"

하나님과 매일 교제하고 기도로 아뢰고, 인도하심을 기대하고 실행한다.

어떤 사람이 식당은 잘되는데 문을 닫을 거라고 했다. 이유를 물었더니 너무 힘들어 못하겠단다. 세금이 많이 나가고 물가도 올라 못하겠다면서 나보고 식당은 절대로 하지 말라고 조언한다. 잘나가던 식당인데 레드 오션의 한계가 온 것이다. 성공에 안주하면 방향 점검을 안 하고 늘 가던 방향으로 가게 된다. 방향을 점검하지 않으면 반드시 한계가 온다. 열심히 해 봐야 방향이 틀렸으면 답이 없다. 그래서 하나님과 매일 큐티로 끊임없는 자기 점검을 해야 한다.

나에게 큐티는 너무 중요하다. 말씀이 내 삶의 점검 기준이다. 어떤 사람이 완벽할 수 있겠는가? 매일매일 말씀대로 살고 있는지 반성하는 것이 꼭 필요하다.

큐티 나눔 원칙

1. 가르침의 글임을 유의하며 머리글을 시작한다.

2. 읽기 쉽도록 되도록 띄어 쓴다.

3. 되도록 짧고 간결하게 쓴다.

4. 짧지만 의미 전달을 확실하게 한다.

5. 나에게 먼저 보내서 내용이 이해가 되는지 검토한다.

6. 부정적인 말씀일 때는 그 안에 하나님의 사랑을 담아 희망의 언어로 전한다.

7. 힘을 주는 언어로 전한다.

8. 반드시 기도하고 보낸다.

9. 성령님이 내가 받은 은혜를 각 사람에게 전달하심을 믿는다.

10. 답장을 받을 때 오늘의 말씀을 재묵상한다.

11. 말씀을 오늘을 사는 기준으로 삼고 꼭 실천한다.

일하고 싶은 일터 만들기

경영자는 어떤 일을 구체적으로 실행하는 것보다 조직의 문화를 만드는 게 더 시급하고 중요하다고 생각한다. 일하기 좋은 문화를 만드는 것은 쉽지 않다.

호 이사는 나보다 생각이 트인 친구다. 내가 혼자 회사를 틀어쥐고 있을 때는 직원들에게 보너스를 몇십만 원 이상 지급한 적이 없다. 호 이사가 회사에 들어오고 나서 첫해에 보너스 200%를 지급했고 그다음에는 계속 300% 이상을 지급했다.

어느 해는 매출 목표를 달성하지 못해서 보너스와 인센티브를 지급할 수 없었다. 그런데 호 이사가 구정 보너스를 주자고 했다.

"인센티브도 없는데 구정에 보너스 50%를 주면 좋겠어요."

"목표 달성을 못했는데? 못하면 못 받는 것도 알아야 해. 그것도 교육이야."

나는 반대를 했지만 호 이사는 물러서지 않았다.

"힘내서 일하도록 나중에 줄 것 당겨서 미리 줍시다!"

결국 직원들을 생각하는 마음이 대견해서 그 뜻에 따랐다.

우리 회사는 인센티브는 없지만, 복지 기금을 떼어 놓는다. 매출 목표 얼마에 이익 목표 얼마면 보너스 몇 프로, 이런 식으로 정해져 있다. 따라서 전 직원이 회사의 이익 구조에 대해 뻔히 안다.

연말이 되면 툭탁대던 직원들도 서로 협조한다. 불량이 나면 서로 싸우다가도 자기들끼리 수시로 모여 회의하고 얘기한다. 어떡하든 매출 목표를 달성해야 보너스가 나오는 걸 알아서다. 보너스를 주고 말고를 경영진이 마음대로 정하는 게 아니고 목표를 달성하면 받는 것이고, 달성하지 못하면 못 받는 것이다. 그렇게 분명하게 회사 분위기가 정해져 있으니 자기들 하기 나름인지라 열심히 하는 것이다.

어느 해는 호 이사가 일부러 앞당겨 매출 목표를 달성한 적이 있다. 연말, 호 이사가 가만 보니 매출 목표 달성을 못할 것 같으니까 편법을 쓴 것이다. 호 이사가 전국 대리점에 알렸다.

"원단 값이 곧 오를 겁니다. 안 오른 값으로 이불 속통을 내줄 테니 미리 주문하세요."

A방직에서는 원단을 못 준다고 했다. 곧 값이 뛸 텐데 그 가격으로 주겠는가? 결국 대리점에서 주문하니 본사 재고로 나가느라 매출은 훌쩍 올라 목표는 달성했지만, 그 대신 시세 차익 몇 억은 날아가고 말았다. 원단 값이 오를 게 예상되면, 오르기 전에 미리 사 둔 후 비싸게 판매하면 시세 차익으로 간단하게 몇 억을 벌 수 있다. 그런데 그런 이익을 호 이사가 포기하고 대리점과 나눈 것이다.

호 이사를 불러다 놓고 물었다.

"너 솔직히 말해 봐. 직원들에게 인센티브 주고 싶어서 매출 목표 달성했지?"

"맞아요."

한마디 변명도 없이 대답했다.

"그래, 너 멋있다. 직원 사랑하는 마음이 훌륭해서, 매출 목표를 달성하도록 해서 인센티브 주려고 하는 거!"

이랜드 비즈니스 스쿨 강의에서 배운 독서 경영을 우리 회사에 적용했다. 매주 금요일은 30분 일찍 출근해서 독서 토론을 진행한다. 책은 부서별로 추천하든지 직원들이 정하면 회사에서 사 준다. 방법도 사다리 타기를 해서 여러 가지로 한다. 누구는 전체 줄거리, 누구는 부분을 읽고 발표하도록 하는데 안 하면 그 사람은 밥을 사든지 하루 종일 종노릇을 해야 한다.

처음에는 다들 '그냥 일이나 하지 골치 아프게 이런 것을 시키나?' 하면서 마뜩잖아했다. 하지만 시간이 지나면서 반응이 달라졌다. 독서로 지식이 늘고, 사고력에 도움이 되고 나쁠 게 없으니 모두 흥미를 느끼고 적극적이었다.

직원 중 한 명이 영어 공부를 하면 좋겠다고 해서 아침마다 회사에 스피커를 틀어 놓고 읽기를 따라 하게 했다. 그런데 가만히 보니 맞춤실 생산 파트의 아주머니들이 정말 잘하는 것이다. 나보다도 더 잘했다. 신기해서 물어보았다.

"언제 그거 배웠어요? 언제 그렇게 공부했어요?"

"사장님, 우리도 망신당할까 봐 창피해서, 녹음해가지고 집에서 애들하고 연습해 와요."

아이들도 엄마가 공부한다고 좋아했단다. 나는 영어 공부하는 날은 스트레스를 받아서 회사 가기가 싫을 정도인데 생산 관리하는 현장 아주머니들이 영어를 능숙히 읽다니 멋있어 보였다.

아이디어 시상제도 만들고 활용하기도 한다. 오전 미팅 때마다 개선 사항 등 아이디어를 낸 사람은 현금으로 시상을 한다. 처음엔 너도나도 아이디어가 쏟아졌는데 한두 달 지나니 시상하는 현금의 가치가 떨어졌는지 아이디어가 고갈되었다. 호 이사가 의무적으로 팀별로 배당을 했다. 그랬더니 이번엔 또 백가쟁명이다. 체력 단련으로 뭘 함께 하면 좋을까 토론을 하라고 했더니 난상토론이다. 의견 통일이 안 되더니 결국 결론은 현찰로 달라는 걸로 귀착되었다. 내가 물었다.

"돈으로 주면, 자율에 맡기면 건강해집니까?"

마지막 결론은 체력 단련과 관련한 각자의 용품 구매 비용을 영수증 첨부하면 정산해 주는 걸로 정리했다. 상명 하달식의 일방적 지시가 아니라 아래서부터 위로의 토론으로 이루어진 것이니 의미가 있다고 보았다.

매해 우수직원상을 주는데 1년에 두 명씩을 뽑는다. 경영자 한명, 직원 한 명이다. 수상자는 해외여행을 갈 수 있다. 40세 이하는 배낭여행으로, 40세 이상은 패키지여행으로 보낸다. 기념하기위해 상패도 준다. 직원들이 여행 가기 위해 열심히 일한다는 말이 있을 정도로 아주 좋아하는 제도로 동기부여를 하고 있다.

우리 메리퀸은 복지 기금으로 상당량의 돈을 적립해 놓았다. 이 기금은 가정에 어려운 일이 있을 때 저리로 대출이 가능하다. 대출을 받기 위해서는 합당한 이유가 있어야 하는데 그 이유를 동료 직원들에게 설명해야 한다. 한 사람이라도 반대하면 대출이 안된다. 직원들의 동의를 다 얻고 만장일치되어야 대출이 가능하니 동료를 함부로 대할 수 없다.

명절 선물에 대해서는 대리점과 주고받는 것을 없앴다. 괜히 과일상자를 보내 봐야 무게 때문에 택배 기사만 힘들고, 생필품 선물세트를 줘 봐야 요즘은 개인 취향이 강해 맘에 들지 않는 건 잘 쓰지 않는다. 이렇게 선물을 줄였지만 그래도 들어오는 경우가 있다. 그런 경우 입사 후 순위 막내부터 다섯 명 정도 자기가 원하는 것을 먼저 고르게 한다. 그다음은 제비뽑기로 서로 나눈다.

투명한 경영을 하기 위하여 직원의 의사 결정을 적극 수용한다. 이것은 성장하는 회사를 만들기 위해서 중요한 일이다. 회사가 이사를 해야 하는데 임대를 얻을 것인지, 신축을 할 것인지도 직원들의 의사를 반영하기 위하여 투표로 결정했다.

"세를 얻어서 가면 경비 절감은 되지만 여러분이 고생합니다. 그러나 이익이 발생하면 여러분에게 인센티브가 더 나갑니다. 땅을 사서 지으면 보유 현금을 쓰니 이익은 줄어들고 인센티브는 힘듭니다. 그러나 일하기는 편리합니다."

이렇게 분석해 놓고 어떤 것을 선택할지 물으니 직원들의 결론은 "우리가 더 열심히 일해서 좀 더 이익이 남을 수 있도록 할 테니까 땅 사서 건물 짓자"였다. 그렇게 다수결 원칙에 따라 회사를 신축 이전했다. 건물을 지을 때도 수원이나 시흥 쪽으로 내려가면 좀 더 저렴한 곳이 많았다. 그러나 그런 곳으로 이사하면 출퇴근이 멀어져서 직원용 기숙사를 만들든지 아니면 직원들이 회사를 그만두든지 해야 하는 경우가 생겼다. 그동안 함께 커 온 직원들을 놓칠 수가 없기에 남양주에 건물을 신축하게 되었다. 이 과정에서 호 이사가 아주 슬기롭게 의사 결정을 잘했다.

메리퀸의 윤석용 고문은 전직이 FITI(Friend of Industry Technology Information Testing & Research Institute) 시험연구원 부장이었다. 그분이 FITI에 있을 때의 일인데, 메리퀸에서 FITI 과장님과 얘기해서 아리랑TV에서 양모 실험하는 것을 촬영하던 중이었다. 그런데 윤 부장님이 지금 일도 바쁜데 시간을 너무 잡아먹는 거 아니냐고, 뭔 특혜를 받았냐고 불만이 많았다. 그러잖아도 눈치를 보며 촬영 중이었는데 너무 미안해서 나중에 감사하다고 밥을 사러 갔더니 윤 부장님이 놀란 표정이었다. 사업하는 사람들은 필요할 때만 알랑거리는데 일이 끝났는데도 잊지 않고 밥 사러 왔다면서 감동받은 모습이었다.

그 후 윤석용 부장님은 은퇴 후 우리 회사의 고문으로 왔다. 회사 사부 노릇은 물론 품질 관리 및 직원들 원단 교육을 맡아서 하고, 평일에는 대학 강의도 나간다. 이분은 봉사하는 삶을 살고 싶다며, 평생 먹을 재산이 있다면서 사례도 제일 적게 받는다. 처음엔 머리가 허연 분이 오니까 뭘 모르는 어느 직원은 경로당을 차렸냐고 실쭉대기도 했다. 그러나 이분이 첫 월급 타서 직원들에게 저녁을 사 주고 희망의 양모 이불도 사니 지금은 직원들이 아주 깍듯이 모신다. 장학금도 내고, 운동하라고 직원들 산에도 데려간다.

회사에 이런 어른이 있다는 것이 힘이 되고 든든하다.

나는 늘 감사하다. 좋은 일터 문화를 만들어 가는 메리퀸은 이런 좋은 사람들의 노력 덕분이라고 생각한다.

자신의 사도행전 29장을 쓰라

교회 집사님이면서 광주에서 대리점을 운영하는 분이 있었다. 이 대리점주는 본인 교회의 담임목사님도 아니면서 다섯 번째 암 수술을 한다는 하용조 목사님을 위해 금식기도를 하고 있었다. 그러면서 내게 남양주에 온누리교회가 생기니 한번 가 보라고 추천했다. 흥미가 생겨 당장 찾아가 교인 등록을 하고 설교 말씀을 들었다. 말씀 주제가 "자신의 사도행전을 쓰라"였다.

"너의 사도행전 29장을 써라."

사도행전은 28장밖에 없는데 29장을 쓰라는 것이다. 이 말을 들으니 온몸에 전율이 쫙 흘렀다. 각자 하나님의 사도로서 자기 달란트대로 사도행전 29장을 쓰는 것이 멋있게 느껴졌다.

"큰 교회는 큰 교회대로 역할이 있고, 작은 교회는 작은 교회대로 역할이 있습니다. 큰 교회에서 배워 작은 교회를 섬기러 가십시오."

하용조 목사님은 살아 계실 때 한 번밖에 뵙지 못했지만, 목사님의 비전이 좋아서 나도 이 비전에 헌신하고자 마음을 먹었다. 나는 지금 나의 사도행전 29장을 쓰는 중이다. 2040년까지 전 세계 곳곳에 울하우스를 설립하면서, 그리스도인이 운영하는 모범적인 기업이 되는 것, 그것이 나의 사도행전 29장이 될 것이다.

"예수님의 사도이십니까? 나의 사도행전을 쓰시겠습니까? 어떤 사도행전을 쓰시겠습니까?"

이 물음에 나는 말씀을 나침반 삼아 오늘 하루를 살며, 나의 사도행전 29장을 쓰노라고 답하겠다. 아프면 아픈 대로, 약 먹으면 약 먹는 대로 하나님께 감사드리면서 하나님이 주신 하루를 산다.

나의 파트너들, 신앙의 사업자들에게는 "당신의 사도행전 29장을 쓰라!"고 틈날 때마다 전한다. 그분들도 아주 좋아한다. 하지만 실천은 쉽지 않다. 역사는 하루아침에 이루어지는 게 아니라 하루하루가 쌓여서 이루어지듯, 미약한 실천이나마 쌓이고 쌓이면 미래의 꿈도 하나하나 이루어질 것이다.

말씀 중심과 실천하는 삶, 하나님을 깊이 만나는 삶, 일상과 일속에서 그리스도를 나타내는 삶은 내가 하나님과 세상과 맺고 있는 관계성에서 영향을 받았다. 내 경험상 70%는 하나님과의 관계에서, 나머지 30%는 세상과 이웃을 섬기며 일할 때 힘이 생겼다. 비즈니스 선교를 감당하는 자가 되기 위해 비즈니스 선교사 교육을 받고 파송도 받으며 전국 대리점주들에게 말씀을 나누고 실천하는 데 총력을 기울였다.

지금은 교회 공동체를 통한 나의 사도행전을 쓰기 위해, 말씀을 실천하기 위해 작은 교회로 옮겨 섬기고 있다.

　나의 달란트로 나의 사도행전 29장을 쓴다는 것, 너무 벅차고 너무 멋진 일이다.

4부

온 인류가 양모 이불을
덮을 때까지

7장

나의 사랑은
멈추지 않는다

지금도 넘치는 열정으로

메리퀸이 대한민국에서 양모 이불의 원조가 된 것은 하나님 은혜이고 많은 분의 도움이 크다. 지금은 양모 이불 시장이 커져서 경쟁업체도 생겨났는데 이 모든 씨앗을 메리퀸이 뿌린 것이라 생각하면 가슴이 벅차고 늘 하나님의 도우심에 대해 깊이 감사드린다.

지난 세월, 정말 양모 하나만 보고 달려왔다. '어떡하면 더 나은 양모 이불을 만들 수 있을까' 고민하고 또 고민한 나날이었다. 품질이 개선될 수 있는 방법이 있다면 물불 가리지 않고 도전한 세월이었다.

그 결과 많은 기술적 진보를 이루었다. 울 파일 공법을 개발하여 털이 안 빠지고 물세탁 가능한 울 파일 패드를 개발해 특허도 받았다. 물세탁이 힘들다는 단점을 해결한 물세탁 가능 양모 이불로 신지식인상도 받았다. 섬유대상도 받았다.

최근에는 여름에 한층 더 시원해지는 양모 워싱 이불을 개발했다. 물세탁은 물론 건조기에 돌릴 수 있는 여름 워싱 이불은 업계에서 큰 주목을 받을 만한 제품 개발이었고 H홈쇼핑을 통해 침구 부분 최고 매출을 기록했다.

그러나 메리퀸의 양모에 대한 열정과 사랑은 멈추지 않을 것이다. 나는 비록 호 이사에게 경영 전반을 맡기고 굵직한 사안에 대해서만 참견을 하는 상황이지만 양모에 대한 애정은 전혀 식지 않았으며 메리퀸 전 직원의 양모 사랑과 기술 개발 의지는 오늘도 넘쳐 난다.

하나님도 기뻐하실 양모 이불

나는 양모 이불이 좋다. 좋아도 너무 좋다. 일상의 모든 것에서 양모를 접할 수 있으면 좋겠다. 항상 버릇처럼 "온 인류가 양모 이불을 덮을 때까지!"를 외친다.

아직 양모 이불을 사용해 보지 않은 사람은 도대체 양모가 뭐가 그리 좋아서 그렇게 양모 이불 타령을 하냐고 말할 수도 있다. 차근차근 양모 이불이 왜 좋은지, 왜 온 인류가 양모 이불을 덮어야 하는지 설명하겠다.

양모는 사람 몸에 좋다. 양모는 풀을 먹고 자란다. 풀은 자연 상태에서 햇빛과 비, 그리고 땅의 기운으로 자란다. 그 풀을 먹고 자라는 양털이 인간에게 해로울 리가 없다. 양모의 굵기는 사람 머리카락보다 가늘다. 메리노 양모는 굵기가 사람 털의 5분의 1밖에 되지 않는다. 이런 이유로 양털은 사람 몸에 닿아도 근질거리는 현상이 가장 적기에 침구로 사용하기에 아무런 부작용이 없다.

양모는 왜 따뜻할까? 털은 다 따스하다. 피부를 추운 외기로부터 보호하는 게 털의 임무니 웬만하면 다 따뜻하다. 그런데 왜 양모는 유독 수천 년 동안 특별히 인류의 사랑을 받아 왔을까? 양모가 특별하게 더 따뜻한 이유는 뭘까?

양모는 크림프 구조로 되어 있다. 크림프(crimp)는 권축(捲縮), 꼬불꼬불한 구조를 말한다. 다른 말로 웨이브(wave), 컬(curl)이라 할 수 있다. 이 크림프 구조로 인해 양모 사이에 매우 풍성한 공기층이 형성된다. 공기는 이 세상에서 단열 성능이 가장 뛰어난 물질 중에 하나다. 크림프가 많을수록, 즉 꼬불거림이 심할수록 양모는 공기를 많이 품고 있게 되고 단열 성능은 올라간다.

이 크림프는 양모 조직 자체에 의해 형성된 것이기에 외부의 힘을 가하지 않는 한 영구적이다. 일반적으로 양모가 세번수(천을 만드는 실의 굵기가 100번수 이상인 것, 번수가 클수록 가늘다)일수록 크림프가 많다. 이런 이유로 양모는 중량 대비 단열 성능이 가장 뛰어난 섬유 중의 하나인 것이다.

겨울에 따뜻한 것은 알겠는데 여름엔 또 왜 시원할까? 비밀은 양모의 수분 흡수 능력에 있다. 양모는 자기 중량의 30퍼센트까지 수분을 흡수하는 놀라운 섬유다. 덮고 자는 이불과 내 몸 사이 공간에 땀으로 인해 습기가 많아지면 꿉꿉해진다. 이때 그 공간의 습기를 재빨리 흡수하여 이불 바깥으로 발산하면 쾌적한 상태가 된다. 양모의 뛰어난 성질 중에 하나가 투습성이다. 양모는 함수율이 60퍼센트가 넘어도 수증기 통과에 거의 지장이 없다고 한다. 이 말은 양모가 지속적으로 땀을 흡수하면서 바깥으로 배출도 활발하다는 얘기다. 흡습성과 투습성. 양모가 여름에 시원한 두 가지 이유다. 시나이 반도의 베두인족이 극심한 더위에도 양모 옷을 입는 이유다.

양모는 어떻게 수면의 질을 높여 줄까? 호주 시드니 대학의 연구 결과에 의하면 다운이나 면, 합성 섬유로 만든 침구에 비해 양모 침구에서 잘 경우 수면의 질이 25퍼센트 향상된다고 한다. 다원수면검사법(Polysomnography)으로 진행된 연구 결과, 양모 침구에서 잔 실험자는 다른 침구 실험자에 비해 깊은 잠을 잤는데 그 주된 이유는 앞에서 이미 말한 양모의 습기 흡수 능력 때문에 자는 동안 쾌적함을 유지해 주기 때문이라는 것이다.

양모의 놀라운 성능에 대한 연구 자료는 밤하늘의 별처럼 많은데 또 하나 소개하자면, 영국의 웨일즈 공과대학(Polytechnic University of Wales) 연구소는 합성 섬유에 비해 양모가 심박수를 낮춰 주고 안정적으로 유지시켜 준다는 연구 결과를 발표했다. 심박수가 낮아진다는 것은 편안하고 깊은 잠에 들어갔다는 것을 의미한다. 천연 양모를 사용한 메리퀸 양모 침구와 함께하면 언제나 편안하고 깊은 잠이 보장되는 이유가 과학적으로 증명이 되고 있으니 내가 양모를 좋아하지 않으려야 안 할 수가 없다.

양모가 소방관의 옷에 사용되는 걸 아는 사람이 몇 명이나 될까? 천연 섬유 중에 양모처럼 불에 강한 섬유는 없다고 해도 과언이 아니다. 무엇보다 양모는 발화 온도가 570-600도 정도로 다른 어떤 섬유보다 불에 잘 타지 않는다. 또한 불연성인 질소 함유량이 높고 흡습성이 높기 때문이다. 양모는 불이 붙어도 연기에서 유독 가스의 발생이 적은 것이 이런 이유다. 양털은 내구성도 좋다. 면은 3천 번, 실크는 2천 번 정도 가능한 반면에 양모는 2만 번까지 구부렸다 펼 수 있다고 한다. 양모로 만든 제품을 훨씬 오래 사용할 수 있는 것이다.

양모는 왜 착한 섬유라 불릴까? 모피나 우모(羽毛)와 다르게 양모는 양에게 어떤 피해도 주지 않고 얻을 수 있다. 우모인 다운을 얻으려면 새에게 엄청난 고통을 주거나 생명체의 목숨을 뺏어야만 가능하다. 만들어지는 과정이 너무 비도덕적이다. 하지만 양털은 단지 깎아 줄 뿐이고 또 왕성하게 자란다. 동물에게 폭력을 행사하며 만들어지는 모피나 다운과 달리 양모는 양에게 고통을 주지 않고 얻을 수 있기에 착한 섬유인 것이다. 하나님의 말씀에 어긋나지 않는 제조 과정으로 만들어진다. 인간의 쾌적한 수면을 위해 다른 동물의 고통을 유발하지 않는, 도덕적인 섬유인 것이다. 자연의 순리를 따르는 양모를 택할 것인가, 폭력적으로 생명체에게 고통을 주는 제품을 택할 것인가는 개인의 판단이지만 하나님의 말씀을 따른다면, 생명에 대한 존경심을 가진 인간으로 행동한다면 어떤 이불을 택해야 할지 답이 나온다. 소중한 재충전의 과정인 잠자리에 양모보다 완벽하게 어울리는 생명의 섬유는 난 아직 발견하지 못했다.

지속 가능한 환경을 생각한다면 당연히 양모다. 요즘 미세플라스틱, 미세섬유 문제가 심각하다. 양모는 전혀 상관없는 얘기다. 합성 섬유는 세탁 과정에서 미세 섬유가 빠져나가게 되고 이 미세 물질은 걸러지지 않고 바다로 흘러가 생선 배 속으로 들어간 후 결국 우리 배 속으로 다시 들어온다. 끔찍하지 않은가? 전 세계적으로 문제가 되고 있는 미세 플라스틱과 마찬가지로 지구 환경을 망치고 있는 것이다.

양모는 자연스럽게 순환한다. 땅과 물, 햇빛만으로 자연스럽게 자라난 양모는 쓰임을 다한 후 다시 땅으로 돌아가 완벽하게 분해되는 그린(Green) 섬유다. 미래를 생각하는 친환경 섬유를 고른다면 당연히 양모다.

양모는 알면 알수록 마법 같은 섬유니 내가 그리 미치도록 좋아하는 것이다. 양모에 대해 좀 더 알고 싶은 분은 섬유협회 회장을 지낸 공석붕 선생님이 지은 《알기 쉬운 양모제품》(한국섬유기술연구소, 1989)을 읽어 보기 바란다.

이렇게 양모 이불 비즈니스는 양을 살리고, 나는 그 털이 필요하니 양과 나는 서로 윈윈(win-win)이요, 친환경적이다. 나는 메리퀸이 많은 사람의 잠자리를 회복시키는, 온 세상 사람들의 편안한 잠자리를 회복시키는 친환경 기업으로 만들고 싶은 것이다.

"온 인류가 양모 이불을 덮을 때까지 나는 선한 청지기가 되게 하소서."

기도와 함께 늘 빼놓지 않는 다짐이다. 단순히 돈을 버는 차원이 아니라 하나님의 꿈에 나도 동참하는 차원이다.

하나님은 이 땅이 회복되길 원하신다. 나도 이 땅이 회복되길 원한다. 하나님의 꿈에 내가 더부살이로 올라가는 것이다. 나는 내 역할을 하고 떠나고, 나 다음 사람이 또 그 역할을 하고 떠나야 한다. 이윤 추구를 하는 기업을 운영하면서도 환경친화적이고 하나님의 창조 질서에 위배되지 않게 살기에 메리퀸만 한 기업이 없다고 생각한다. 그러기 위해서 내게 이 양모 이불 비즈니스를 반드시 성공시켜야 하는 미션이 있는 것이다.

울하우스 코리아

울마크컴퍼니(The Woolmark Company, 전 세계 양모 산업의 진흥을 위한 국제기구) 초청으로 침구 업계 사람들과 호주에 있는 울마크컴퍼니 본부 건물인 울하우스에 간 적이 있다.

울하우스의 콘셉트는 "울하우스에 가면 양모의 모든 것이 있다"였다. 양모의 종류부터 원모 채취, 상품 기획 등 소비자가 양모에 대해 알고 싶은 모든 것이 울하우스에 있었다. 직접 만지고 체험할 수 있도록 양모 관련 제품들이 많이 갖추어져 있었다. 울하우스는 한마디로 양털에 대한 연구 및 전파를 위한 본부 기지인 것이다.

그곳에 다녀온 뒤로 그 건물이 눈에 생생했다. 그때 세 들어 있던 기독교회관 건물을 모델로 나도 울하우스 코리아를 시작하겠다는 꿈을 꾸기 시작했다.

'울하우스 코리아 건립을 위한 꿈을 꾸어 보자. 설계를 해 보자. 뭔가를 이루려면 일단 꿈부터 가져야 한다. 꿈도 꾸지 않는다면 어떻게 꿈이 현실이 되겠는가? 울하우스 1층에는 초원과 양 떼를 연출하면 좋을 것 같다. 메리노 양 몇 마리를 놓고 정성껏 키워도 좋겠다. 5층 울박물관에서는 양 관련 자료가 있고 양고기 소시지를 맛볼 수 있다. 옥상에는 24시간 중보기도실이 마련되어 있어서 누구나 기도할 수 있다. 꿈만 꿔도 왜 이리 벅찰까?'

내가 울하우스 코리아 얘기를 했더니 어떤 사람이, "투자할 테니까 한 층은 나를 주시오" 했다. 그래서 원래는 10층짜리 건물이 11층이 되었다. 꿈은 원래 크게 꾸는 거다.

자, 한번 간단한 건물 구조를 보자.

울하우스 건물 구조

옥상	중보기도실(24시간 기도실)
11층	메리노홀(양고기 전문 레스토랑)
10층	전산실, 텔레마케팅, 인터넷, 네트워크실
9층	사무실(일부 임대 사무실)
8층	C섬유 입점
7층	대강당
6층	소그룹 세미나실
5층	울박물관(입장료/양의 역사 자료실/기념품/양고기 소시지 맛보고 퇴장)
4층	울 제품 전문 매장(의류 등 양모 제품 브랜드 유치)
3층	울 인테리어 매장(울 벽지/울 커튼 외)/화재 예방
2층	양모 침구 전문 매장(메리퀸)
1층	도심 속의 초원과 양 떼 연출
지하 1층	스낵 코너(저렴하게 일용할 양식 해결)
지하 2층	창고 외 기관실

어떤가? 뿌듯하지 않은가? 내 상상은 아직 꿈이지만 하나님의 말씀만 따라가면 이 꿈도 이루어지리라 믿는다.

울하우스는 내가 처음 꿈을 꿀 때는 이렇게 빌딩이었다. 울하우스에 대한 나의 꿈을 여기저기 얘기했더니 T대리점의 똑똑한 여고생 딸내미 이채린이 "사장님, 앞으로 울하우스는 빌딩이 아니라 테마 파크여야지요"라고 말했다. 나보다 한 수 위다.

메리퀸에서 대리점 2세들의 교육을 위한 '코이 모임'이라는 것을 했었다. 이 모임은 미래를 이끌 아이들을 건강하게 길러 내는 것을 목적으로 양모 교육, 공장 견학 등의 프로그램으로 진행되었다. 프로그램에 참가한 아이들에게, "너희 장래에 뭐 하고 싶으냐?"고 물었더니 대답이 다양했다. 나중에 "너희들이 쓸 명함을 만들어 와라" 했더니 채린이가 떡하니 "메리퀸 이사 이채린"이란 명함을 만들어 가지고 온 것이다. 어리지만 메리퀸에 애착이 많은 친구다. 고맙고 기특한 마음에 내가 "메리퀸 최연소 이사"라고 불러 주었다.

교육에 참가한 아이들에게 울하우스 테마 파크를 그려 보라 했더니 참으로 다양한 아이디어가 속출했다. 아이들이 그린 울하우스 테마 파크의 모습을 보면서 이런 생각도 했다. 내가 만드는 테마 파크는 양을 소재로 선하게 만들어야 한다고.

"온 인류가 양모 이불을 덮을 때까지"란 비전을 실천하기 위해선 한국 시장만으로는 안 된다. 일본, 중국, 이집트 등 각 나라의 문화에 맞는 패턴과 사이즈와 용도가 있을 것이다. 그 문화에 맞는 제품을 만들어 팔아야 한다. 울하우스 코리아에 이어 울하우스 재팬, 울하우스 차이나 등도 차례로 설립해야 한다.

이렇게 2040년까지 전 세계 곳곳에 울하우스를 세워 온 인류에게 양모 이불을 덮게 해 준다면 정말 가치 있는 일이 될 것 같다. 환경 친화적이고 하나님의 창조 질서에 위배되지도 않으면서 창조 세계를 회복시키는 데 기여할 수 있겠다.

꿈이 너무 야무지다고? 일단 꿈부터 꿔야 실천 방안을 시작하게 되고 꿈을 현실로 만드는 구체적 계획이 나오는 것이다.

"주의 나라가 이 땅에 이루어지이다."

부디 하나님이 주신 나의 꿈이 이 땅에 이루어지이다.

언제까지나 주님을 섬기며

나의 인생 제일의 목적은 '하나님의 말씀을 어떻게 따라가는가?'다. 이 목적을 이루기 위해 삶의 원칙을 다음과 같이 정리해 보았다. 신앙의 영역과 일상생활 영역으로 나눌 수 있다.

신앙의 영역

1. 먼저 하나님의 자녀로서 똑바로 살자.

2. 하나님의 말씀을 묵상하고

3. 인도하심을 기대하고

4. 하나님 창조 세계의 총체적 회복을 기대하고

5. 나의 역할에 대한 상급을 기대하고

6. 전도하고 나누며

7. 주님의 나라를 사모하자.

일상생활의 영역

1. "온 인류가 양모 이불을 덮을 때까지"가 핵심 방향이다.

2. 이를 이루기 위해 열심히 배우고, 배운 것을 실천하고,
   실천이 습관이 될 때까지 한다.

3. 못하는 부분은 위임하고

4. 빠르게 해치우고

5. 무슨 일을 하면 끝장을 보고

6. 제자를 만들고

7. 나누는 삶을 산다.

2009년 6월에 갈릴리 호수를 찾아갔다. 그때 호숫가에서 바쳤던 나의 기도를 마지막으로 올린다. 주님과 함께하는 호미해의 인생은 하나님의 말씀과 함께 계속 나아간다.

갈릴리 호숫가에서

"베드로야, 네가 나를 사랑하느냐?"

"주께서 아시나이다. 주의 긍휼로 나를 건지소서."

이로 인해 무식한 베드로는 산헤드린 공회의 율법학자들에게 가고, 유식한 사도 바울은 무식한 이방인들에게 복음 전하러 가고, 무식도 폐하고 유식도 폐하고 오직 성령으로 복음 증거함에 주께서 권위를 세워 주셨다.

오! 주여, 당신의 오묘한 뜻을 빙산의 일각이라도 느낍니다. 아침에 새소리로 나를 부르시고 당신이 만드신 세상을 누리고 가라고 깨우신 주님!

내가 주를 기뻐하나이다. 내가 주께 가까이 안기나이다. 내 주가 나를 안으셨나이다. 내 주는 나를 부르시고 기뻐하시고 예뻐하시나이다. 내가 주님 품에 안겼나이다. 행복하고 평안하고 포근합니다.

내 생애 이런 평안, 행복은 없습니다. 난 천국에 와 있고 주의 품에 안겼습니다. 주님이 주신 이 평안, 평안, 평안.

작은 바람도 주님을 느끼게 합니다. 새들도 나를 기뻐합니다. 잔디도 나무도 나를 반가워합니다. 나를 축복합니다. 주 날개 안이 이렇게 행복할 수 있다니, 이렇게 달콤할 수가 있다니.

나의 사랑하는 주님, 온 세상 구주시라. 송이꿀보다 달콤하고 아이스크림보다 부드러우며 실크보다 감미롭고 어린아이 피부 같으며 솜털 같나이다.

주의 사랑이 어찌 그리 큰지요? 내가 주의 사랑에 듬뿍 취하였나이다. 이 꿈에서 깨어나지 않게 하소서. 이날에 사랑의 품에서 깨어나지 않게 하소서.

나뭇잎들도 얄랑얄랑 흔들며 새들도 내 앞에 나와 재롱부리고 큰 나무, 작은 나무 각각 자기 모양대로 나를 환영하고 큰 새, 작은 새 각각 자기 모양대로 내 앞에 나와 놀며 날아다니네요.

저기 보이는 갈릴리 호숫가에는 각각 자기 모양대로 고기가 나를 반기고 골뱅이와 조개도 나를 기뻐하네요. 풀들도 나를 기뻐하고 잔디도 나의 발을 간지럽히네요. 꽃들도 나를 기뻐하고 다양한 색과 모양으로 나를 환영하네요. 푸르게, 푸르게 내 눈을 즐겁게 하고 아름다움으로 나를 기쁘게 하네요.

저 멀리 산에는 올리브 나무도 나를 보고 있고 이름 모를 나무들도 나를 반기네요. 태양도 나를 반기러 떠오르고 있고 나도 그를 반기러 나왔습니다.
나 주님 만나러, 느끼러, 누리러 나왔습니다. 주님, 나를 머리끝부터 발끝까지 터치하심을 감사드립니다. 주님, 나를 에워싸심을 감사드립니다.

내가 이를 기억하겠나이다. 내가 이를 영원히 기억하겠나이다. 내가 주를 기뻐하겠나이다. 내가 주를 찬양하겠나이다. 내가 주께 영광 돌리겠나이다.

내가 주를 사랑하나이다.